NOTAS MIGRATORIAS CÉSAR VALLEJO

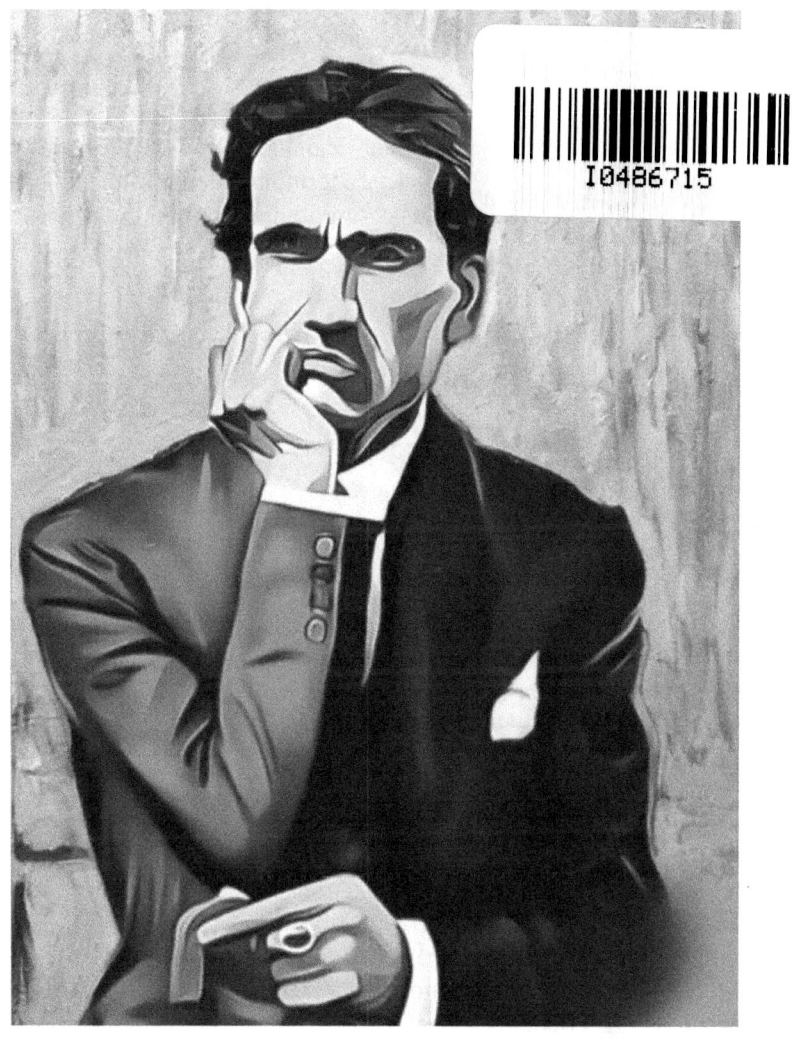

¡**Y si después** de tantas **palabras**, no **sobrevive la palabra**!

Fundación Universidad Hispana

1 / JORGE CARRIÓN RUBIO

Título: Notas migratorias César Vallejo
—Primera Edición 2022— Autor: Fundación Universidad Hispana

Este libro está comenzando a circular de manera virtual en tiempos donde vamos saliendo de la cuarentena mundial,y se terminará de imprimir físicamente gracia al apoyo de nuestros migrantes por el mundo…

Editado por: Fundación Universidad Hispana(FUNHI)
N.º de ISBN: 978-0-244-28435-3
Foto Portada: Oleo de Jesús Dorado. JCR
De los editores: http://distincionhonoriscausa.com/

Dedicado a los migrantes en el mundo y a todos los escritores, poetas y periodistas que año tras año se identifican con nuestras tertulias que trascienden fronteras materiales y espirituales.

INDICE

RELATO	PÁGINA
Presentación	06
Objetivos	08
Promueve	09
Organiza	10
Patrocinan	11
Bienvenida	12
Salud tocayo!	13
Mensaje de Ex Canciller	17
In memorian: César Alva Lescano	18
Notas Migratorias 2011: Carlos Manuel Álvarez	22
Los peces dorados de New Jersey	27
2do Lugar: Tomer Urwicz	38
Un proyecto de médico errante	42
3er Lugar: Natalia Gnecco	49
El raspe y gane de los inmigrantes	53
Notas Migratorias 2020: Lauanda Dos Santos	58
1er Lugar: Dos vidas por el camino	59
1er Lugar: M. Mosquera	61
Las Concertinas:	64
1er Lugar, Poesía: Walberto Campos	67
Para cantarlo a gritos	69
Menciones Honrosas 2020	73
Morisco Peninsular	73

Madre	75
El espejo del extranjero	77
Migrar a lo global	81
Día Internacional del Inmigrante	83
Almas expandidas	86
Notas Migratorias 2021	89
1er Lugar, Podscat: María José de Luca	89
Podscat Crónica del Limbo	90
1er Lugar, Poesía: Raquel Markus	90
El apego	92
1er Lugar, Narrativa: Laura Itzel Dominguez	95
Migrar en el principio del fin	96
Menciones Honrosas 2021	99
El licenciado	100
El país de los entierros	111
Lágrimas en el camino	123
Adce	126
Legalización en el Chapadream	137
La suerte de la migrante caribeña	141
El suplicio y la nada	144
Epílogo I Vallejopatía	149
Epílogo II Premio Chasqui	162

NOTAS MIGRATORIAS CÉSAR VALLEJO

PRESENTACIÓN

La **Fundación Universidad Hispana**, organización dedicada a promover el desarrollo a través de programas de responsabilidad social, cultural y educación presencial y a distancia, junto a diferentes instituciones representativas internacionales como: la Alianza Francesa, Instituto de Estudios Vallejianos en Trujillo-Perú, Universidad de los Pueblos de Europa, Universidad de Utah-EE.UU., Embajadas de España y Francia, Centro de Estudios Latinoamericanos Rómulo Gallegos (CELARG), Colegio de Licenciados en Administración del Distrito Capital, Caracas-Venezuela, Organización Latinoamericana de Administración (OLA), Asociación de Periodistas Peruanos en el Exterior (APPEX), Asociación Nacional de Asesores de Prensa del Perú (ANAP), Colegio de Ingenieros del Perú, Sindicato Provincial de Auxiliares de Educación de La Libertad, SIPRAED, Proyecto de Desarrollo Rural Cordilleras (PRODEPECOR), Sociedad Fundadores de la Independencia, Novel International University (Universidad de la Mujer), Cámara de Comercio de Jesús María, Municipalidad de Ate-Vitarte, Universal Peace Federation, Universidad Enrique Guzmán y Valle (La Cantuta), Consejo Nacional por los Derechos Sociales (CONADES), entre otras instituciones; ha venido organizando concursos y encuentros de Honorables Ciudadanos Universales Residentes en el Extranjero, con el objeto de promover y reconocer la admirable labor de los migrantes en el mundo. Para las instituciones organizadoras de estos diferentes eventos y concursos a lo largo de más de una década, ha sido importante reconocer los logros de aquellos ciudadanos que con esfuerzo y dedicación aportaron para fortalecer la buena imagen de su país de origen en el exterior.

ANTECEDENTES

De acuerdo a últimos estudios, entre Europa y Asia acogían en 2022 a alrededor de 87 millones y 86 millones de migrantes internacionales, respectivamente, sumando el 61% de la población mundial total de migrantes internacionales. En América Latina, de acuerdo con datos de la Oficina de Aduanas y Protección Fronteriza de Estados Unidos (CBP), casi 40.000 cubanos llegaron a la frontera sur entre noviembre de 2021 y febrero de 2022. En todo el año fiscal anterior, entre octubre de 2020 y octubre de 2021, la cifra fue de poco más de 38.000. Siendo Cuba uno de los países de mayor condición migratoria históricamente a nivel de esta parte del mundo.

De las más recientes experiencias migratorias sudamericanas, Venezuela ocupa un lugar alarmante, registrándose en el 2022 unos 8,9 millones de refugiados y migrantes venezolanos en 17 países de América Latina y el Caribe, un aumento importante comparado con este año, según prevé el Plan de Respuesta 2022 de la Plataforma de Coordinación Interagencial para Refugiados y Migrantes de Venezuela. Con relación a Perú, de acuerdo a recientes datos hay cerca de 1.050.000 venezolanos, de los cuales un poco más de un tercio han logrado ingresar a la nación de manera irregular.

La información inversa de la migración peruana hacia el exterior, estima que son más de tres millones de peruanos que residen en el exterior. Su contribución a la economía del país es también notable. Se calcula que cada año los peruanos en el extranjero envían un aproximado de dos mil quinientos millones de dólares en remesas, cifra que contribuye considerablemente al crecimiento del Producto Bruto Interno (PBI).

Desde el año 2006, por decreto supremo (D.S. 060-2006-RE), se celebra cada 18 de octubre el "Día de los peruanos que residen en el exterior", merecido reconocimiento por parte del gobierno peruano. Y desde el último periodo electoral, los peruanos han elegido dos representantes de peruanos en el exterior, a través de los Congresistas Jorge Zeballos y Juan Carlos Lizarzaburu.

A nivel internacional, el 4 de diciembre de 2000 la Asamblea General, ante el aumento de los flujos migratorios en el mundo, proclamó el Día Internacional del Migrante, siendo el 18 de diciembre de cada año un motivo de celebración universal.

Todos estos apuntes migratorios nos ubican ante la figura cúspide de la literatura universal migratoria, representada por el poeta peruano César Abraham Vallejo Mendoza, que vino al mundo en un pueblo olvidado del Perú, llamado Santiago de Chuco, para dejar de existir en París, Francia, y con ello, dejarnos su legado reflexivo y poético de cómo debemos considerarnos los unos a los otros, entre anfitriones y migrantes, como seres humanos con valores espirituales, en igualdad de condiciones ante nuestro creador.

OBJETIVOS

Generales

Promoción de la responsabilidad social en la comunidad migratoria residente en el extranjero, mediante la premiación de las buenas prácticas realizadas por nuestros compatriotas en el exterior, y de la intelectualidad migratoria a través de poemas, escritos literarios y periodísticos que reflejen historias no contadas y aleccionantes, con un reconocimiento especial Honoris Causa.

Específicos

• Crear canales de comunicación que permitan promover e incentivar la integración entre los ciudadanos residentes en el exterior.

• Reconocer la loable labor de ciudadanos migrantes en el extranjero por difundir y preservar su cultura y representar a su comunidad con responsabilidad.

• Fortalecer el patriotismo y la identidad cultural de los ciudadanos residentes en el extranjero.

• Promover el retorno a su país de origen de los ciudadanos migrantes que triunfan en el extranjero, siendo la vitrina de difusión de las bondades profesionales de estos personajes anónimos en el mundo.

• Sensibilizar a nuestros migrantes en el exterior a través del apadrinamiento de niños de escasos recursos, en nuestro país, Perú, sede principal de la Fundación Universidad Hispana, debido a que la sede originaria ubicada en Caracas, por el momento resulta inaccesible.

PROMUEVE

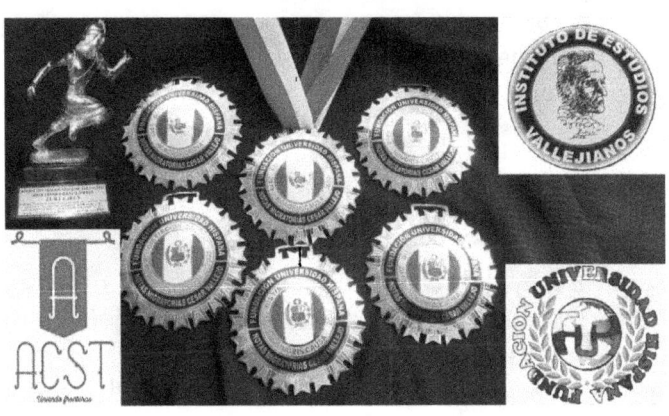

La **FUNDACIÓN UNIVERSIDAD** HISPANA (FUNHI), nace legalmente en la ciudad de Caracas, Venezuela, el 28 de mayo del 2010, con el beneplácito de la Embajada del Perú, pese a que hace más de una década ya venía realizando actividades culturales y académicas en el área del Caribe venezolano y Perú. La FUNHI está jurídicamente inscrita en los registros públicos del Primer Circuito del Municipio Sucre del Estado Miranda, con el número 25, tomo 29.

Somos un grupo de profesionales, literatos, poetas, periodistas, artistas e investigadores dedicados a analizar los procesos migratorios a nivel mundial y sus implicaciones en el siglo XXI. Nuestro contenido constituye un aporte riguroso, genuino, inédito y confiable para millones de personas interesadas en conocer infinidad de historias silenciadas respecto a la realidad migratoria, no sólo a nivel internacional, sino incluso en las constituciones internas de nuestros países con migraciones del campo a la ciudad cada vez más inauditas, esas migraciones que permanecen ocultas por las grandes cadenas de desinformación existencial, que suelen producir sequías, deforestaciones, calentamiento global, etc. De allí emergen nuestros concursos "Notas Migratorias César Vallejo" y "Macondos del siglo XXI", así como nuestros eventos académicos de Distinciones Honoríficas (a nuestros profesionales y luchadores sociales), cursos, talleres y diplomados.

La crisis económica impuesta por desgobiernos o regímenes mal constituidos en nuestros países sedes a nivel de Latinoamérica nos obligan a financiar nuestras actividades mediante el apoyo solidario de nuestros seguidores, a cambio de convocatorias académicas que secuencialmente programamos, otorgándoles a los participantes la posibilidad de visibilizarse a través de nuestros medios.

ORGANIZA

En el Perú se constituye oficialmente una extensión de nuestra Fundación, a través de la constitución de la **Asociación Civil** sin fines de lucro, denominada **Sahee Tareeka**, (ACST) con testimonio de escritura pública de fecha trece de setiembre de dos mil dieciséis que corre extendida de fojas 17462 del registro del Notario de Lima Isaac Higa Nakamura.

Gracias a nuestros concursos se han venido sumando nuevas sedes y extensiones de nuestra Fundación, como la sede presidida por Miguel Mosquera Paans, en Galicia, España y la sede presidida por Gerardo Rehuel Sánchez y Eladia Montañez, miembros fundadores, en la ciudad de Miami, Florida y New York, EE.UU., respectivamente.

AGRADECIMIENTO

Especial agradecimiento al Convenio firmado entre nuestras instituciones internacionales con el Instituto de Estudios Vallejianos de Trujillo, Perú, fundado en Trujillo el 1° de mayo de 1982 con el objetivo de difundir la vida y obra de César Vallejo, mediante el cual constituimos extensiones pedagógicas vallejianas en diferentes lugares del mundo.

PATROCINAN

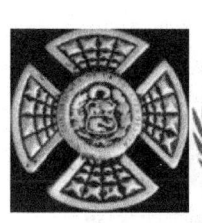
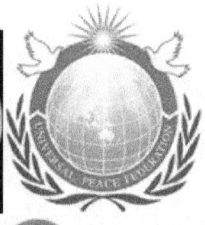
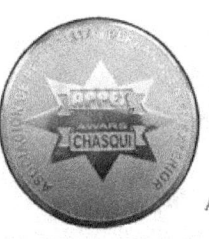
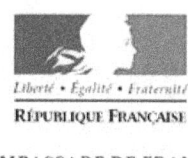

Liberté • Égalité • Fraternité
RÉPUBLIQUE FRANÇAISE

**AMBASSADE DE FRANCE
AU VENEZUELA**

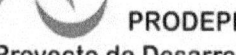

PRODEPECOR
Proyecto de Desarrollo Perú Cordilleras
N° de Partida 11924292

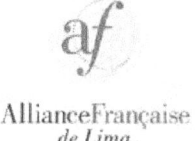
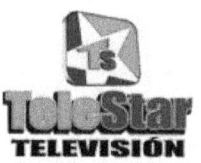
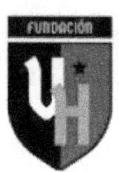
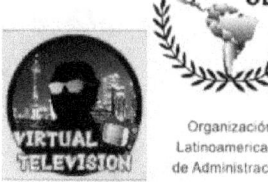

AllianceFrançaise
de Lima

Organización
Latinoamericana
de Administración

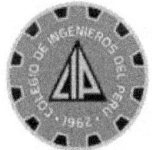

**COLEGIO DE
INGENIEROS
DEL PERÚ**

OFICINA CULTURAL
DE LA EMBAJADA
DE ESPAÑA
EN VENEZUELA

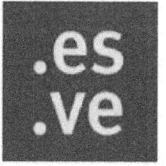

.es
.ve

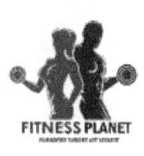
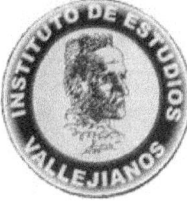

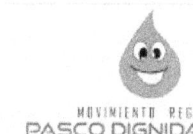

MOVIMIENTO REGIONAL
PASCO DIGNIDAD 2020

BIENVENIDA
Integrando Ciudadanos en el Mundo

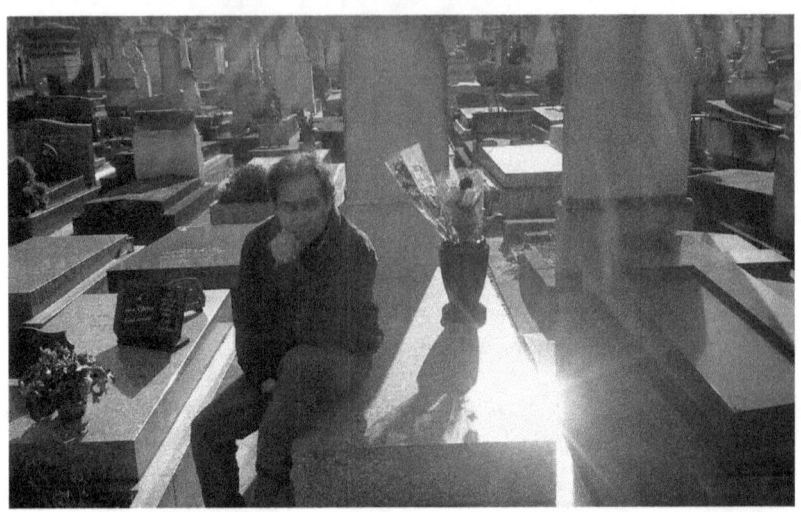

Jorge Carrión Rubio
Presidente Ejecutivo de la FUNHI

Cuando citamos al poeta César Vallejo abordamos líneas de pensamiento que van más allá del hombre y su circunstancia, es decir, trasciende al individuo o lo que es mejor, se multiplica, se hace un clamor humano, más allá del paisaje natural que solemos observar cuando apreciamos la vida. Y en él hallamos a todos los que de una u otra forma hemos decidido dejar de pertenecer a nuestros lugares de origen, para hacernos ciudadanos del mundo. En otras palabras, hallamos nuestra condición de inmigrantes, de seres que por cuestiones protocolares del espectro social en el que habitamos, somos considerados, señalados diferentes, distintos y sin embargo tan o más humanitarios que los que hacen las veces de anfitriones. Esta obra literalmente no la escribí yo, aunque en el fondo sí lo hice, porque si no hubiera sido por la convocatoria que hace algunos años realicé gracias a la Fundación Universidad Hispana, bajo el título "Notas migratorias César Vallejo", desconoceríamos estas vicisitudes de un puñado de colegas vallejianos, nacidos en diferentes lugares del mundo. Desconoceríamos, por ejemplo, a Don Jorge Nájar en París, y diríamos, sin duda, "Yo vine a darme lo que acaso estuvo asignado para

otro; y pienso que, si no hubiera nacido, otro pobre tomara este café!
Yo soy un mal ladrón … A dónde iré!"

¡Salud tocayo, por César, el que murió aquí, con aguacero!

Desde la Embajada del Perú en Caracas anduve coordinando la
posibilidad de que nuestra Fundación en el marco de rendirle honores
a la población migrante, hiciera factible un homenaje al poeta de Los
Heraldos Negros, César Vallejo, allá en su última morada, en
Montparnasse, París, donde nuestro inmenso poeta se encuentra al lado
de celebridades como:

Jean-Paul Sartre, (Filósofo, escritor, novelista, dramaturgo, activista
político, biógrafo y crítico literario francés, exponente del
existencialismo y del marxismo humanista. Nació en París el 21 de
junio de 1905. Falleció en la misma ciudad el 15 de abril de 1980)

Simone de Beauvoir, (Escritora, luchadora por la igualdad de derechos
de la mujer y por la despenalización del aborto y de las relaciones
sexuales. Nació en el VI Distrito de París el 9 de enero de 1908. Muere
en Paris el 14 de abril de 1986)

Julio Cortázar, (Escritor argentino, una de las grandes figuras del
llamado «boom» de la literatura hispanoamericana. Nace en Ixelles el
26 de agosto de 1914. Muere en París el 12 de febrero de 1984)

Guy de Maupassant, (Escritor francés, autor principalmente de
cuentos, aunque escribió seis novelas, nace en Dieppe el 5 de agosto de
1850, fallece en París el 6 de julio de 1893)

Charles Baudelaire, (Poeta, ensayista, crítico de arte y traductor
francés, nace en París el 9 de abril de 1821. Fallece el 31 de agosto de
1867)

Eugene Ionesco, (Fue uno de los principales dramaturgos y escritor
franco-rumano del teatro del absurdo. En rumano Eugen Ionescu, Nace
en Slatina, Rumania, el 26 de noviembre de 1909. Fallece en París,
Francia, 28 de marzo de 1994)

Marguerite Duras, (Novelista, guionista y directora de cine francesa,
nace en Gia Định Province el 04/04/1914, fallece en Paris, Francia
03/03/1996)

Jean Seberg, (Fue una actriz estadounidense. Recordada por su participación en numerosas películas, entre ellas: Juana de Arco, Buenos días, tristeza, Al final de la escapada y Lilith, es un icono de la nouvelle vague francesa. Nace en Marshalltown (Iowa), 13 de noviembre de 1938 — París, 30 de agosto de 1979)

Serge Gainsbourg, (Nacido Lucien Ginsburg el 2 de abril de 1928. Muere el 2 de marzo de 1991, fue un cantante, compositor, pianista, poeta, pintor, guionista, escritor, actor y director de cine francés. Considerado como la figura más importante del pop francés)

Carlos Fuentes Macías, (Panamá, 11 de noviembre de 1928-Ciudad de México, 15 de mayo de 2012, fue un escritor, intelectual y diplomático mexicano)

Entre otros…

Y así llegó marzo del 2015, con el beneplácito de la Embajada del Perú en París, se le entregó al poeta peruano Jorge Nájar, quien reside en la ciudad luz desde hace más de tres décadas, una Distinción Honoris Causa, a nombre de nuestra Fundación Universidad Hispana y del Instituto de Estudios Vallejianos de Trujillo, Perú.

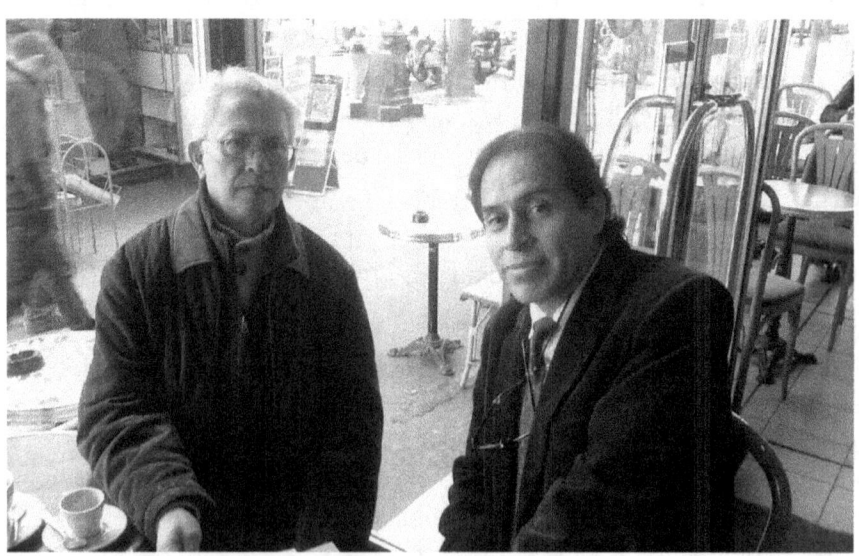

Pero más allá de lo protocolar, se le entregó un reconocimiento al Vallejo del siglo XXI que a través de Jorge Nájar pervive en Paris con aguacero, al migrante de raíces indígenas, de pelo duro como lo describía Ciro Alegría, aquel que inicialmente enterraron los franceses en el Cementerio Montrouge, donde se enterraba a la clase trabajadora, es decir, la clase pobre. Y que después su viuda Georgette lo mudó para el cementerio Montparnasse (Monte Parnaso) de la alta burguesía parisina. Sin duda, Georgette enamorada equivocó la morada.

Lo cierto es que nuestro innovado Vallejo, no dista mucho de aquel andino y dulce poeta de Santiago de Chuco, sólo que Nájar no es altoandino, sino charapa, pucallpino, de origen caliente, ahora tan frio como el vino francés. Se maneja a placer por las calles parisinas, da la impresión de haber convivido con el propio vate de acero inoxidable, describe con precisión de relojero cada periplo vivencial de los lugares que sirvieron de aposento al bohemio alumno de Alegría. Toda la zona que caminamos saliendo del Montparnasse, en descripción de Nájar, no es más que el recuerdo de albergues que auxiliaban a poetas y artistas del frio invierno de la época.

Al llegar al Montparnasse, fuimos recibidos por el custodio de la tumba de Vallejo, un tal Philipe y su comitiva que habían sido informados sobre la realización de una ceremonia protocolar en homenaje al poeta de Los Heraldos Negros. Sin embargo, para nuestra tristemente célebre delegación diplomática, el sólo enviar un representante (el primer secretario) era suficiente para rendir honores al poeta en el marco de un aniversario más de su muerte. No fueron necesarias las palabras para comprender el poeta Nájar y este servidor la poco aculturada delegación diplomática que nos representaba. Bastaron nuestras miradas para llegar al borde de la tumba de Vallejo y saber que, desde alguna dimensión supra-humana, el vate asentía su mirada. Emergieron las palabras y quedó grabado un epitafio más, actualizado, del desdén hacia el que con razón siempre consideró Vallejo que el momento más triste de su vida, aún no había llegado. Siempre recordando aquella cruda experiencia en una cárcel de Trujillo. El representante diplomático se despidió bordeando el mediodía, sin tener la más mínima delicadeza y/o gentileza de ofrecerle un brindis al distinguido ni mucho menos a la Institución que se dio el afán de atravesar el atlántico para rendir honores al inmenso Vallejo y nuestros inmigrantes.

- Tocayo, no despeinemos este honorable momento, yo invito el vino, el café y el almuerzo aquí en Montparnasse-.

- ¡Salud tocayo, por César, el que murió aquí, con aguacero! -.

Nos pusimos aquella tarde parisina un poco bohemios, digo, es un decir, un poco vallejianos.

JCR

MENSAJE DIRIGIDO A LOS
PERUANOS RESIDENTES EN EL EXTERIOR
DEL EXCANCILLER RAFAEL RONCAGLIOLO (Q.E.P.D.)

PERÚ | Ministerio
de Relaciones Exteriores

Lima, 1 4 DIC. 2011

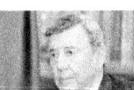

CARTA (GAB) N° 8-49-A/1

Señor
Jorge Carrión Rubio
Fundación Universidad Hispana
Caracas.-

Es grato dirigirme a usted con relación a su atento mensaje en el cual hace referencia al homenaje que viene organizando la Fundación Universidad Hispana (FUNHI) y la Asociación de Periodistas Peruanos en el Exterior (APPEX), ambas entidades con sede en la ciudad de Caracas, al poeta César Abraham Vallejo Mendoza, quien es considerado por el crítico literario Thomas Merton como "el más grande poeta universal después de Dante".

Como bien lo señala usted, César Vallejo simboliza, sin lugar a dudas, la imagen del migrante peruano que salió de su país en búsqueda de mejores perspectivas en el campo literario, intelectual y laboral, desplazándose por Europa, recorriendo Francia, España y Rusia sin haber logrado retornar a su entrañable país de nacimiento, en donde irónicamente le esperaba un juicio. Esa difícil situación lo motivó al poeta peruano el sentido poema denominado "el momento más grave de mi vida", en alusión a la carcelería que sufrió en la ciudad de Trujillo, ciudad que posteriormente le rindió un merecido desagravio, al igual que la Corte Suprema de Justicia en el año 2007.

Esta dolorosa experiencia, similar a la de muchos compatriotas peruanos residentes en el exterior, no es indiferente al Gobierno del Presidente Ollanta Humala. Muestra de ello son las acciones que se vienen llevando a cabo en Venezuela y otros países, que están materializando proyectos significativos para la mejora de la atención que brindan nuestros Consulados en el exterior, como, por ejemplo, la entrega directa de pasaportes mecanizados en un plazo máximo de 48 horas, la reducción de los plazos para la entrega de documentos de identidad por parte de la RENIEC, que se realizará próximamente, la promoción de acuerdos bilaterales en materia de regularización migratoria, homologación de aportes a la seguridad social, entre otros.

A ello se suman otras iniciativas como la elaboración del proyecto para crear el Distrito Electoral en el exterior y la revisión de la norma de incentivos migratorios para el retorno al Perú, los que serán sometidos oportunamente a consideración del Congreso de la República.

Adicionalmente, teniendo en cuenta el valioso e importante aporte que realizan a nuestro desarrollo nacional los migrantes en el exterior, mediante el envío de remesas a sus familiares, se viene promoviendo la suscripción de Convenios específicos a ser firmados entre el Banco de la Nación y sus similares en los lugares de destino de los migrantes, para disminuir sustantivamente los costos de dichas remesas, este tema será en el futuro próximo materia de nuevos proyectos en beneficio de nuestros compatriotas en el exterior.

Finalmente, deseo expresarle mi más cordial felicitación y saludo a todos los participantes en el homenaje al gran poeta universal César Vallejo; y, a los que se han hecho merecedores, el presente año, de la "Distinción Honorífica INCARIBE Chasqui 2011".

Atentamente,

Rafael Roncagliolo Orbegoso
Ministro de Relaciones Exteriores

In memorian de:

CÉSAR ADOLFO ALVA LESCANO (Q.E.P.D.)

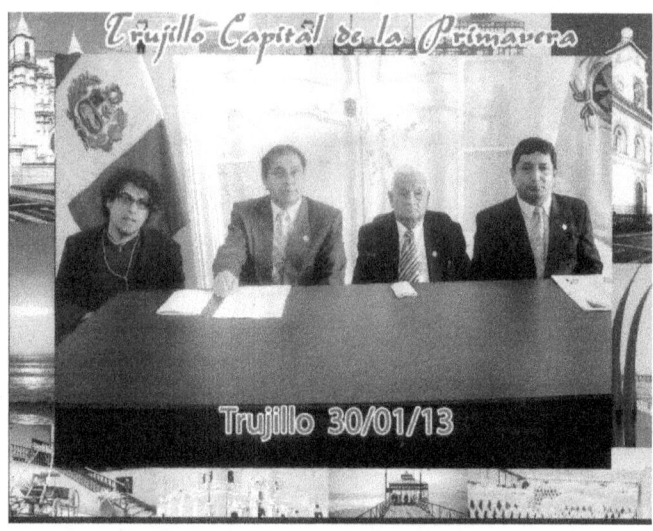

Ex-Presidente del Instituto de Estudios Vallejianos de Trujillo-Perú

Cuando lo conocí le dije, doctor, usted casi nació en Caracas, pues es de Cascas, un pueblo que sintetiza la tierra de Bolívar, al menos fonéticamente. Y fue un 12 de octubre de 1918 que vino al mundo, tanto que para aquel año 2013 que nos reuníamos alrededor de nuestro emblemático poeta de Los Heraldos Negros, Don César Adolfo tenía 95 años, bien cumplidos.

Días previos a aquellos actos solemnes que se llevaron a cabo en la Casa del Gobierno Regional de Trujillo, le pedí que como presidiría la ceremonia, se preparara un pequeño discurso sobre los libertadores, Sucre y Bolívar, ya que entregaríamos la medalla "Libertadores de América". Me dijo, sonriente, ¿cuántos minutos quiere que hable? Unos 5 a 10 minutos está bien doctor. Se puso de pie aquella tarde y no paró hasta casi cumplir los tres cuartos de hora hablándonos de aquellos pasajes independentistas liderados por Sucre y Bolívar. Y casi no usaba muletillas ni repetía palabras, mucho menos tenía un papel como referencia. Sólo apelaba a su prodigiosa memoria.

Por cosas de la vida, momentos previos a la firma de un convenio cultural y educativo entre nuestra Fundación Universidad Hispana (FUNHI) y el Instituto de Estudios Vallejianos de Trujillo que presidía, nos acompañaba el músico y cantautor trujillano, Pepe Alva, quien en el cierre de nuestra ceremonia interpretó magistralmente "El cóndor pasa" en idioma inglés. Al coincidir los apellidos "Alva", ambos comenzaron a mencionar nombres de familiares afines que poco a poco fueron resolviendo el acertijo, llegando a la conclusión que tío y sobrino se reconocían en aquel escenario académico, en medio de una mutua y desbordante alegría.

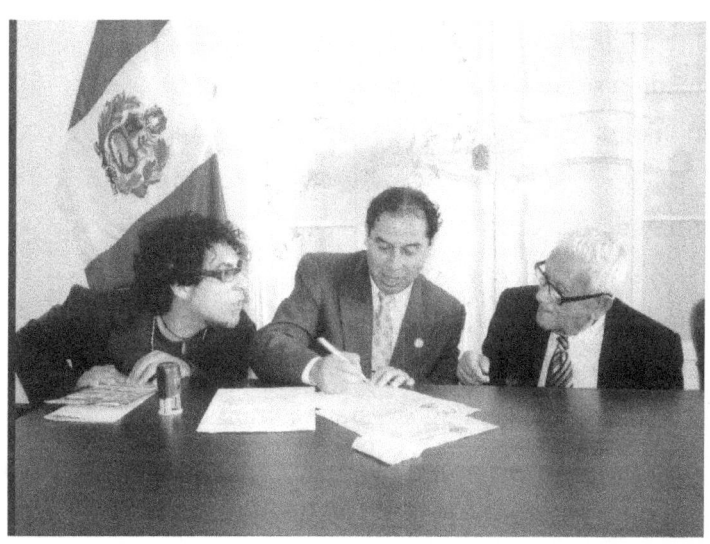

Estas páginas son parte de aquel compromiso cultural y educativo que ese histórico día firmamos en medio de la alegría de saber que anduvimos rodeados del calor familiar y humanitario gracias al poeta universal que nos convocaba.

Pero Don César Adolfo era también un poeta trujillano seguidor de los versos de Vallejo. He aquí una prueba de su devoción hacia el vate de Santiago de Chuco.

A César Vallejo:

Polvo y llanto en el sepulcro
El tiempo musita silencio y recibe con tristeza
los hados milenarios que se inclinan
al caer sobre la pena.
Destila llanto la alborada
y termina su dolor en el poniente.
Qué aflicción consume el alma buena
que se rompe en pedazos de congoja interminable.
Sufre sin medida sobre el polvo del sepulcro,
deteniendo la onda del silencio y la mirada.

César murió, y descansa su tormento
en la oquedad sepulcral de la tierra amorosa,
donde el frío nunca acaba y pervive al infinito, al sufrimiento.
Caudal de recuerdos dolorosos y hermanados,
rondan el ara de perpetua amargura, silente, inolvidable.

César fue, vivió y murió de vida y no de tiempo
anhelos tempraneros, abismados, sin fondo;
llevando consigo sus días, sus dolores, sus caminos, sus calvarios de
/tormento, sin cansancio, sin salida;
convertidos en clamor de las edades.

El corazón sensible, entristecido, padece inconsolable;
Mantiene la imagen del poeta, permanentemente, lo aclama, lo venera
e inmortaliza.

César, de la noche sensación humanizada
viaja sus senderos, lleva sus delirios, sus triunfos, sin desmayos, sin
reproches, olvidos, negaciones;
va sobre el surco de la gleba fecundante de la tierra,
sobre el genio que conquista eternidades,
sobre el orto que ilumina los caminos,
la ferviente oración que se pronuncia en el verbo,
la quimera, el ensueño llevados por el viento

César vuelve y vuelve en el plinto de la fama,
con su carga de nostalgia, con el ritmo de su verso,
con la fe sin desmayo, abrazando al Hombre, en cuya fuente, siembra
sentimientos y eternidades;
descubre su amante corazón enardecido por la gloria sin saberla;
que se agita en la agonía, que se quiebra en el silencio, que se queda
temblorosa en la tierra,
en la vida y el viento.

César Vallejo ¡Vuelve! Y hallarás las multitudes que te aclaman, sin
abandono, sin negaciones, ni soledad, ni castigos;
contemplarás tu mundo lleno de triunfos, de tus bondades, de tu genio,
enarbolando los pendones de tus sueños y tus glorias.

NOTAS MIGRATORIAS 2011
Primer Lugar

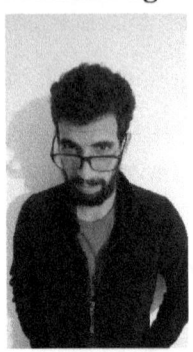

Escritor:
Carlos Manuel Álvarez (CMA)
Residente en La Habana-Cuba

Entrevista concedida a nuestro Director Ejecutivo: Jorge Carrión Rubio (JCR)

JCR: ¿Dónde queda Santa Amalia, lugar que en una parte inicial de la trama nos describe a una mujer cuyo nombre es Sonia Mena, en qué parte está ubicado?

CMA: Es un barrio periférico de La Habana del Municipio 10 de octubre, un barrio, ubicado en la zona en las afueras de La Habana pero que forma parte de la capital. Es un barrio bastante humilde, bastante pintoresco de lo que es Cuba, de lo que es La Habana. Ella vive allí, trabaja a dos cuadras de su casa, en un policlínico, pero como narra la historia es profesional, es ingeniera hidráulica, es una mujer ya muy avejentada, muy consumida también en algún sentido por el alcohol, una mujer que toma asiduamente. Tiene, digamos, varios problemas sociales dentro de su vida, pero sí, es real la historia que se cuenta, es real, la mujer existe, ese es su nombre. Ha hecho varios oficios, como se cuenta ahí, fue conductora de una "guagua", trabajó como técnica dentro de una empresa de ingeniería, no ha ejercido más y hoy tampoco está capacitada profesionalmente debido a sus problemas de salud. Es una especie de auxiliar de limpieza en un policlínico que queda cerca de su casa.

JCR: Coméntanos un poco sobre Carlos Manuel Álvarez, ¿Cómo llegas tu hacia ella, estás estudiando periodismo, ya te graduaste, qué edad tienes exactamente y de qué manera te acercas a Sonia Mena?

CMA: Tengo 22 años. No me he graduado aún, estoy en cuarto año de la carrera, estudio en la facultad de comunicación de la Universidad de La Habana, que es digamos la sede central dentro de las distintas facultades donde se estudia periodismo aquí en Cuba, hay varias universidades que tienen también la carrera dentro de sus programas, pero la Universidad de La Habana es la de mayor prestigio del país, donde más años se lleva la carrera.

Mi llegada a Sonia Mena es bastante fácil para el trabajo del curso del año anterior, o sea tercer año, teníamos que entregar un documental de radio, por equipo. En mi equipo escogimos precisamente este tema, el tema de la migración y una compañera de mi equipo, es vecina de Sonia Mena, o sea la conoce, conoce toda su historia desde hace tiempo. Vive a una cuadra de distancia y ya conocía el caso. Sabíamos que podía ser una fuente que podía ayudar en nuestro trabajo o que podíamos basar nuestra historia para el trabajo de radio que teníamos que entregar para la Universidad sobre Sonia Mena. A partir de allí, yo soy mucho más amante de la literatura, mucho más amante de la prensa escrita, de escribir, que hacer radio, a mí se me ocurrió la idea de hacer tangencialmente un relato con la historia de Sonia Mena. Hay un radio documental que está publicado aquí en un blog de un estudiante de la universidad con toda la historia de Sonia Mena que sale mucho antes. O sea, mi relato se mantuvo en ello, yo no lo publiqué en ningún lado, se presenta la oportunidad del concurso y ahí lo mando. Ese es el modo en que yo hago el trabajo ya en mayo.

JCR: ¿En el caso del trabajo de radio que trata el mismo caso, lo hace desde la misma órbita que tu planteas en tu relato o distinto?

CMA: Digamos que no incide tanto en los detalles que yo cuento, pero si básicamente está esbozado esta historia "Los peces dorados de New Jersey". El de radio no va tanto en los detalles de la vida de Sonia Mena, porque era tratar la migración en su conjunto, cómo se manifiesta la migración dentro de la realidad cubana, dentro de la sociedad cubana de hoy, que es un problema o un fenómeno que actúa con bastante incidencia dentro de la vida contemporánea de nosotros, ese es más el enfoque del documental. Pero no es tanto relatar la historia, la historia personal, la

historia mucho más íntima, que es lo que yo hago en Los peces dorados de New Jersey.

Es por eso precisamente que me animo a hacer este trabajo, porque me doy cuenta que había mucho material que no habíamos usado, que se había quedado fuera del documental y de alguna manera no quería que quedara inédito, que se quedara sin contar. Es por eso que decido hacer la historia, que decido relatarla.

JCR: ¿Cuéntanos cómo llegas a Notas migratorias César Vallejo 2011?

CMA: Por azar, básicamente por azar. Tengo un amigo que trabaja en un centro de formación literaria de La Habana, sabe que yo acostumbro escribir y me mandó la convocatoria del concurso. No sé cómo le habrá llegado. Me la envió a mi correo. Me dice que por qué no participo. Sabe que yo tenía la historia más o menos como se pedía, que se adecuaba bastante a las bases del concurso. Ese es el modo en que llego, completamente azaroso pero digamos que venía perfecto para la historia que yo tenía, que se mantenía inédita.

JCR: En una parte de tu relato textualmente dices: yo haré que la política no aparezca. ¿Te costó hacer eso?

CMA: Si cuesta. Me cuesta porque tengo que limar algunas asperezas en las declaraciones de Sonia Mena. No nos interesaba contar intereses políticos de un extremo o del otro, nos interesaba más contar la historia y que de la historia misma se pueda sacar las interpretaciones, las conclusiones, porque digamos que esos trabajos viciados con opiniones o criterios más allá de la historia en sí, no los deberíamos hacer porque de algún modo está gastado dentro del contexto nacional, dentro de la literatura contemporánea cubana. Es bastante recurrente esa visión netamente política. De todas maneras, cuando uno lee el relato, se da cuenta que hay un gran sustrato político que está incidiendo sobre la vida de esta persona. Pero preferimos contarlo de ese modo, más tangencial, y que no se convierta en un texto de denuncia que pueda lindar con el panfleto u otro tipo de documento que no nos interesaba contar.

JCR: ¿Es clásico ver en La Habana gente con su trago de ron?

CMA: Digamos que es un cliché dentro del imaginario nacional, pero si hay muchos bares en La Habana donde melancólicamente, románticamente van a matar sus penas y escuchar boleros los cubanos y a beber su ron. Pero no me parece que más allá de eso, sea distinto al resto de los países. Somos extrañamente parecidos a los demás, no nos diferencian muchas cosas.

JCR: ¿Cómo recibes esta distinción, este premio literario?

CMA: En primer lugar, como todo premio, como toda distinción, es un gran honor recibirlo, de allí mí agradecimiento. En segunda instancia, es una distinción que me llega a través de un concurso de periodismo literario, esto de alguna manera presupone que lo que yo hago puede catalogarse como periodismo y un sentido quizás más pretencioso como literatura, que es otro gran regocijo. En tercer lugar, te podría mencionar que es una distinción latinoamericana, que es la cultura en la que yo creo y más que todo quiero pertenecer. Y en última instancia que esta distinción Incaribe Chasqui 2011 me llega a través de un concurso literario con el nombre de César Vallejo. Yo no puedo recitar a Sor Juana, no puedo recitar a los místicos españoles, no puedo recitar a los modernistas, no puedo recitar a Lezama Lima, pero puedo recitar cualquier poema de Vallejo. Es el poeta que con más fervor he leído. No he leído nunca a nadie como a Vallejo. Y quiero pensar que de alguna manera este premio, esta distinción, no es tanto al texto, a Sonia Mena, a lo que yo pude elaborar en este trabajo, sino también a las varias noches en que leí a un poeta tan universal y donde aparentemente no había ninguna recompensa para tanto desgaste, para tanto insomnio. Entonces de alguna manera yo creo en ese tipo de cosas, creo en el nombre del concurso y por eso no es menos importante que la distinción para mí provenga de alguien que puedo decir sin ningún tipo de rubor que yo amo, aunque se haya muerto hace tanto tiempo, como César Vallejo. Es un poeta medular y es un referente que se hace imperecedero para mí.

JCR: Algún poema que te sepas de César Vallejo, hay golpes en la vida tan fuertes yo no sé...

CMA: Golpes como del odio de Dios, como si ante ello la resaca de todo lo sufrido se empozara en el alma, yo no sé... Son pocos, pero son, abren zanjas oscuras en el rostro más fiero y en el lomo más fuerte...

Me hace recordar también precisamente que este concurso viene de Perú, de Venezuela, de un pasaje de Conversación en la catedral, una novela tan universal, digamos por su manera de tratarla, pero tan peruana en su temática, esa gran novela de Vargas Llosa. Y en la segunda parte, donde el protagonista Santiago Zavala decide irse de su casa, decide irse a la universidad y llega precisamente a un periódico. Lo recibe un personaje enigmático, una especie de sabio que le indica la manera en que se escribe allí, la manera en la que se redacta una noticia. Y esta especie de sabio que se llama Vallejo siempre me provocó una especie de intriga. Y en una novela donde no sobra nada, donde no hay fisuras, donde todo está metódicamente estructurado, un personaje que no aparece más y precisamente se llama Vallejo. También recordaba esto cuando me dieron el premio. Yo soy dado a este tipo de elucubraciones, algo tontas, pero algún sentido puede tener, al menos para mí lo tienen.

Los peces dorados de New Jersey

NOTA MIGRATORIA GANADORA 2011

(Escrito por: Carlos Manuel Álvarez desde La Habana, Cuba)

Mi historia es una historia larga, pero yo haré que no lo sea. Una historia surcada por la política, pero yo haré que la política no aparezca. Una historia triste, pero la tristeza no va conmigo. Ninguna de las tres cosas son problemas. Suelo arreglármelas con cuestiones peores sin ayuda de nadie. Mi nombre es Sonia Mena y estudié, hace ya muchos años, ingeniería hidráulica, pero ahora ejerzo como auxiliar general en un policlínico de Santa Amalia. Santa Amalia, para el que no lo sabe, queda en el fondo de La Habana. Ni siquiera en una esquina. Cuando digo fondo, quiero decir fondo. Y La Habana, a su vez, para el que no lo sabe, queda en el fondo del mundo. Y cuando digo fondo... bien, ya tengo 60 años, he visto bastante de la vida, algo les puedo contar, pero ahora, si me perdonan, voy a servirme un trago, porque a mí el ron me gusta mucho. Otros tienen un hijo, un sueño, cualquier cosa. Yo no. Yo tengo mi doble de aguardiente, y con eso me va.

La partida

El 20 de enero de 1998 salí de Cuba. En principio no quería, o no quería tanto, pero mi madre había enfermado. La decisión no fue fácil. Aquí sobrevivía con bastante holgura. Sin derroche, pero entre la remesa que mandaba la familia y lo que yo pudiera rapiñar salía a flote. Además, tenía dos hijos. Ya grandes, es cierto, ya encaminados hacia lo que en definitiva fueran a ser, pero hijos, al fin y al cabo. Por lo que me tomó más tiempo ponerme de acuerdo conmigo que salir del país. Vía F1: reclamación de ciudadanos cubano-americanos a hijos cubanos. En un mes estaba volando: destino Habana-Cancún-Miami. Increíble.

Fui en carro desde la casa hasta el aeropuerto de Boyeros. Y no miré hacia afuera. No hice nada. Me agarré de la mano de mi hijo, que iba en un motor al lado de la ventanilla, y simplemente dejé de pensar. Cuando el avión despegó -serían alrededor de las seis de la tarde- tampoco me dio por mirar para abajo. Aunque como era de noche no hubiera visto mucho, tal vez un poco de luces o algo así, nunca esa mancha negra sobre otra mancha negra que dicen que se ve, y que yo supongo sean Cuba y el mar. Tomé mis caramelos, seguí las indicaciones requeridas, creo que hablé algo con la aeromoza o con mi acompañante de vuelo y después me dormí.

***

Uno no solo cambia de país, sino de época. Aquel aeropuerto era la octava maravilla. Como si llegaras y te desplazaras por una pasarela. El cielo es artificial con todos los astros. De la escalinata del avión sales a un piso y del piso sales a la aduana. No es una estera, no. Es el piso. Todo el maldito suelo que está debajo tuyo se mueve y tú solo tienes que dejarte llevar. A ver si me entienden. Estás aquí, no mueves un músculo, casi ni respiras, yo por lo menos no podía respirar, y ya estás allá. Es fascinante y hermoso. Cuando salí del aeropuerto, la familia me esperaba. Mi madre, mi hermano y mi cuñada. Delvia Smith. Una americana que al momento me puso la mano en el hombro y me dijo que no llorara más. Porque lloramos, claro. Yo no veía a mi madre desde 1979, hacía casi veinte años, y ya eso era razón suficiente.

De ahí salimos para Opa Locka, la zona de Miami más cercana al aeropuerto. Fuimos a casa de un viejo amigo a celebrar. ¿A celebrar qué? A celebrar mi llegada. El viejo amigo se llamaba Kiki, o Raúl, pero un día le pusieron Kiki y el apodo se le quedó. No sé, por cierto, qué será de su vida. Tenía una niña de nueve años que ahora debe ser un prodigio. De ojos grandes y pelo castaño. Muy desenvuelta y muy curiosa. Cómo te llamas, le pregunté. Demoró en responder. Nivia, dijo finalmente, en un español un poco afectado. Qué bonito nombre tienes, dije, con todo el cariño que en ese momento me era posible expresar, no mucho, a decir verdad, y luego le di un beso y le pasé la mano por el pelo. Suavemente. Una y otra vez. Como si quisiera gastárselo. Hasta que la muchacha se cansó y, a los pies de todos nosotros, Kiki y su mujer, mi hermano y Delvia, mi madre y yo, regó su saco de juguetes y se puso a jugar.

***

Al segundo día de estar en Miami me llevaron de compras. No había despertado y ya estaba metida en una de esas tiendas inmensas que uno ni siquiera puede imaginar. Marcas y marcas. Productos con sus subproductos. Jugos de naranja con vitamina D, con pulpa, sin pulpa, con mucha pulpa, en pomos chiquitos (que son malos para el medio ambiente), en pomos de cartón (que son reciclables) y hasta sin pomos. Estantes de 60 metros, llenos, compactos por ambos lados y a tres niveles. Todavía recuerdo lo que saqué de mi primer día de compras. No mucho, ni nada ostentoso. Uno porque no sabía qué escoger. Y dos porque yo nunca he sido ostentosa. Ni aquí ni allá. Ni en Santa Amalia ni en La Florida.

Para mí, una bata de casa y unos rolos eléctricos. Para Manolito mi hijo, un tubo de calzoncillos, un juego de llaveros y unos zapatos Fila. Para mi hija… bueno, para mi hija nada. Cuando decidí irme de Cuba alegó que no quería verme más, que la enterrara, que ya no era más su madre y cosas por el estilo, como si fuera una cabrona adolescente. No le di importancia. Las relaciones entre nosotras nunca fueron buenas, y a medida que fueron pasando los años, y que fue creciendo y sacando espuelas, cualquier mejora dejó de interesarme. Así y todo, era mi hija. Y si la primera vez no le mandé nada por escarmiento, las otras veces que fui de compras siempre le escogí algo, aunque fuera un creyón, unos blúmeres o cualquier pacotilla de feria. A mí las ferias me encantaban. Sobre todo, las que organizaban las iglesias. Había coros y niños y un ambiente de alegría que por alguna causa me hacía recordar a Cuba. Pero eso fue después. Al principio no. Al principio no sabía ni que en Estados Unidos se organizaban ferias. Al principio el deslumbramiento era total. Mi madre me llevaba de casa en casa, a visitar parientes y amistades, como si yo fuera una chiquilla. Aunque en cierto sentido, no yo, sino todos los emigrantes, en cualquier parte del mundo, se comportan a la llegada como unos chiquillos o como unos niños llorones u obedientes y siempre influenciables. Las visitas no eran, no podían ser improvisadas. Ese relajo que se ve en Cuba, allá ni por asomo. Hay que llamar primero, y si el dueño de la casa acepta, entonces se visita, se conversa durante dos o tres horas y luego se regresa.

Mi madre vivía en un townhouse en Hialeah. Un townhouse es un apartamento de dos plantas, con los rooms arriba –los rooms, perdónenme, son los cuartos- y lo demás abajo. El de mi madre tenía un garaje al costado y unas ventanas grandes a la entrada de la casa que daban a un césped verde intenso y siempre podado. El césped daba a la acera y ésta a la calle donde no había, como sí pasa en Cuba, ningún carro parqueado permanentemente, interrumpiendo el tráfico. El orden allí era absoluto. Y a mí me gustaba. La gente se cuidaba mucho. De salir, de infringir las leyes, de que algún aprovechado, por cualquier tontería, colgara una demanda estúpida. Y yo no lo veía mal. La gente no salía de sus casas, y nosotros, con el tiempo, tampoco. Solo, como ya dije, a hacer algunas visitas o a comprar lo necesario. Lo necesario para mí eran los sándwiches cubanos, algún refresco, algún helado y algunas libras de carne de res.

Nos pasábamos el día, mi madre y yo, cosiendo por placer, o preparando pasteles o batidos. Por las noches, para que yo despejara de algún arranque de nostalgia o de alguna de las conversaciones con Manolito, solía sacarme en el carro, y luego me daba el timón. Cualquier express ways de Miami para que tengan una idea, es siete u ocho o quince veces más grande que la calle 23. Con eso digo todo. La velocidad normal en una de esas carreteras era de 60 ó 70 millas, que son como unos 110 kilómetros por hora, pero yo cogía 75 y a veces hasta 80 millas, que son como 130 kilómetros. Mi madre me decía que aflojara y entonces yo, como una muchacha obediente, a pesar de mi edad, le hacía caso y sacaba el pie del acelerador. Algunas madrugadas pensé robarme el auto, y perderme por ahí y salir a correr o meterme en algún bar nocturno de los que nunca duermen, pero estaba en Miami, no en Cuba, y definitivamente algo no me pertenecía. Sin embargo, yo era feliz, indeciblemente feliz. Mi felicidad era completa y nada la empañaba. Después fue otra cosa. No sabría precisar la fecha exacta, pero después se empañó. Siempre extrañé, es cierto. La melancolía o el gorrión no me dejaban en paz, pero la cantidad de posibilidades, el futuro que se me abría en los Estados Unidos despejaba cualquier indecisión, anulaba cualquier sentimentalismo. O al menos eso suponía yo.

***

Al cabo de los nueve o diez meses, comencé a desesperarme. Ya casi tenía la residencia, porque los cubanos al año de pisar suelo americano obtienen la residencia, pero aplicaba a varios trabajos y ninguno respondía. No como ingeniera hidráulica, por supuesto, no estoy loca. Camarera dependiente, secretaria. Me daba lo mismo cualquier cosa. Total: de niñera en Miami, ganaría el doble o el triple y podía darme mejor vida que como profesional en La Habana. Eso lo tenía claro. Por tanto, la razón principal fue otra. Además, la edad me favorecía, porque a los cinco años como residente podía aspirar a la ciudadanía sin tener que pasar por el examen en inglés. Me permitían hacerlo en español. Trece preguntas de las cuales valen cinco, según dicen. Preguntas tontas, como si los latinos fuéramos comemierdas o analfabetos. Cuántas estrellas tiene la bandera. Cincuenta. Quién fue el primer presidente de los Estados Unidos. George Washington. Cosas así, imagínense. Ya con la ciudadanía podía sacar a Manolito -y a mi hija también, no me importaba hacerle ese favor- por la misma vía que yo salí. Pero Manolito cambió. Empezó a decirme, pasada las doce de la noche, porque nosotros hablábamos siempre de madrugada, que me necesitaba mucho, que no aguantaba más, que iba a mandarse en una lancha. ¡Y nadie sabe la fuerza que tiene un hijo! Pero no un hijo cercano, no. Un hijo cuando está lejos, cuando no existe forma alguna de que te lo encuentres al doblar de una esquina o sentado en alguna cafetería, bebiendo café. Yo le dije que ni muerto viniera en una lancha, que viniera como quisiera, en camisa, de traje, encueros, pero en avión. Sin riesgos de ningún tipo.

En ese forcejeo estuvimos, aunque parezca mentira, por espacio de tres o cuatro meses. Y poco a poco, a lo largo de todo ese tiempo, empecé a sentir que Manolito empeoraba. Que iba en retroceso. Algo en su voz me decía que no era el muchacho apuesto y fuerte que yo había dejado atrás. Su voz era la voz de un hombre flaco, un hombre francamente disminuido, por no decir enfermo. Y un hombre venido a menos es manjar de la desesperación y la locura. Y qué era, sino un acto de desesperación y de locura, cruzar en lancha el estrecho de La Florida.

A mi madre no le gustaba que yo llorara, lo veía todo fácil. No quiso venir contigo, ahora que se aguante, decía bajo sus colchas, justo cuando yo le llevaba el desayuno a la cama y algo en mi cara delataba que no había pasado una buena noche. Luego mi madre me preguntaba que por qué ese rostro descompuesto y yo le contestaba que me había quedado la madrugada viendo novelas. Cosa que no era mentira. Qué bellas las novelas de Miami. Me hacían olvidar, me quitaban hasta el sueño. Por eso las malas no eran mis noches, sino mis días. Interminables. Ya llevaba más de un año en los Estados Unidos y no había conseguido un maldito trabajo.

Yo era la única cubana imbécil que en marzo de 1999 no tenía un puesto seguro en el paraíso terrenal. Que mi madre me mantuviera me daba alergia, porque los 400 dólares que el estado me entregaba, ya ni sé por qué causa, se iban en teléfono. Comunicando con La Habana. Y no con La Habana, con Santa Amalia. Todo para que a veces, tras dos palabras, Manolito dejara de oírme, o yo dejara de oírlo a él. Así, de golpe. Sin poder hacer nada. Colgada al teléfono, unos pocos minutos, no muchos tampoco, hasta que despertaba de aquella basura y me iba al townhouse y ponía, de los 105 canales, uno de novelas. Hasta seriales de época vi yo en Miami, hasta la vida de Isabel la Católica. Que murió en 1504. 15 años antes, si aprendí bien la historia, de que los españoles llegaran a un pedazo de tierra cualquiera y fundaran la villa que luego fue La Habana.

El regreso

Una mañana -ya estábamos en abril de 1999- salí dispuesta a tomar el bus. Me di cuenta que no conocía nada de Miami y que quería conocerlo, saber cómo era su vida, el movimiento de sus calles, el ajetreo de las personas. No me pareció, esa vez, una ciudad tan americana. Tomé la 4 y la 14 y estuve cerca de tres horas dando vueltas como una demente. A pesar de la modernidad y el lujo algo te hace suponer que te encuentras en La Habana, pero no con la fuerza suficiente, porque al rato te percatas de que es imposible. Aunque los repartos, y sobre todo las personas, indiquen lo contrario. A ver si me explico. Lo único que diferencia a Miami de La Habana es que Miami es Miami y La Habana es La Habana. Punto.

En la Avenida 12, entre la 54 y la 80, los latinos acostumbraban a reunirse. No sé si todavía lo harán. Pues yo estuve allí y lamenté no haberlo sabido antes. Ese día conocí a par de puertorriqueños y a varios nicas. Pude hablar a placer y me tomé dos cervezas. En fin, volví a ser feliz. Los nicas me parecieron las mejores personas del mundo. Uno de ellos explicó algo que parecía ser verdad, pero que yo no lograba comprender a fondo. Los cubanos, dijo, hablan con las manos, esconden lo importante. En el momento la idea me pareció absurda, pero con el paso del tiempo la he tomado como mía.

Luego, a la vuelta, fui para casa de Kiki. Nivia y yo teníamos un ritual. Ambas montábamos bicicleta en su jardín y mientras pedaleábamos en círculos ella me hacía todas las preguntas de Cuba que quisiera y yo me esmeraba en respondérselas. Ahí, encima de la bicicleta de una niña de nueve años, en el jardín de un apartamento de Opa Locka, entendí de una vez que debía regresar a Cuba.

Me despedí de Nivia, le informé a mi madre, quien corrió con los gastos, y el 1 de mayo, a las diez de la mañana, hora en que Fidel Castro daba su discurso por el Día Internacional de los Trabajadores, yo, Sonia Mena, ingeniera hidráulica de 48 años, con un hijo a la izquierda y una madre a la derecha, pisaba el suelo inamovible de la terminal №2 del aeropuerto José Martí, situado en las afueras de La Habana.

¿La bienvenida? En la aduana me confiscaron, que recuerde, una caja con varios tipos de licores y un par de patines para mi nieta. Pero era de esperar. Bajo cualquier pretexto los aduaneros te roban. A la cara, con letra de imprenta y por un solo canal. Si no me planto bonito, hubiera llegado a Santa Amalia con las manos vacías. Como si viniera de Guantánamo y no de La Florida. Insultada, después de aclarar dos o tres verdades y soltar uno o dos cojones, tomé el resto del equipaje y me largué.

En efecto, a la voz de Manolito le faltaba cuando menos treinta libras. Estaba en los puros huesos. La estancia era por tres semanas, pero desde el primer momento supe que debía quedarme, y a los 24 días, luego de haber despachado a toda esa gente que se pega en cuanto uno viene de afuera, y de haber vivido unos días maravillosos en compañía de mi hijo, se presentó en mi casa un carro lujoso de Extranjería e Inmigración.

Mi vuelo estaba programado para el 22 de mayo y ellos, el carro y dos oficiales, llegaron a Santa Amalia el 25 a las nueve de la mañana. Los hice pasar, y hechas las presentaciones, me dio por decirle a uno: oficial, yo no me voy para ningún lado. Entonces, no tan sorprendidos, me preguntan a un tiempo si tengo conocimiento de mi hermano, de cuál es su trabajo, a lo que contesto con otra pregunta. Qué hermano, digo. El de Miami, responden, ¿usted tiene otro? No, no tengo otro. ¿Entonces? ¿Entonces qué? ¿Si sabe en lo que trabaja su hermano? No sé, respondo finalmente. Su hermano trabaja con Mas Canosa, informan. Imagínense, yo no sabía ni quién era Mas Canosa. Se me ocurre preguntarles, con total inocencia, porque de verdad no sabía quién era Mas Canosa, y cuando les pregunto, los oficiales se echan a reír. Como si no me creyeran, como si les estuviera tomando el pelo. No sé quién es Mas Canosa, repito algo confundida, quizás he oído su nombre, de algún lado me suena, pero no sé quién es. Ni sé tampoco quién es mi hermano.

Entonces Manolito, quien había escuchado la conversación desde una esquina de la sala, me dice que Mas Canosa es un político de Miami que vive de toda esa mierda de los políticos, y justo ahí aprovecho para decirle a los oficiales que a mí la política nunca me ha interesado, que ningún político es santo de mi devoción, y menos que menos los políticos de Miami. Tanto que ni los conozco, agrego. Igual, tras haberles explicado, los oficiales me dicen, con la misma cortesía con que yo los había recibido, que debo acompañarlos.

No me resisto. No tengo nada que esconder. Les digo: esperen un momento, por favor, voy a cambiarme de ropas. Así lo hago. Y a los diez minutos me veo custodiada, en el asiento trasero de uno de los carros lujosos. No miro hacia afuera. Pero siento el motor de mi hijo cuando arranca. Que va detrás, acompañándome. Aunque no hasta el aeropuerto. No esta vez.

***

Son las doce del día. Estoy en 3ra y 20, Miramar, en una de las oficinas de Extranjería e Inmigración. Me sientan frente a un buró. Del otro lado, un oficial. Tiene unos papeles en la mano. Comienza a interrogarme. No entiendo las preguntas, no sé qué es lo que quiere. Pregunta por mi hermano, por mi estancia en Miami. Qué fue lo que hice, ver novelas, en qué trabajé, en nada, por qué me fui, por mi madre, por qué quiero quedarme, por mi hijo. Al rato creo entender al oficial. Piensa que yo soy agente, posible informante de la CIA o de cualquier otra cosa. Inmediatamente suelto una carcajada que lo pone de mal humor. Esto no es un juego, señora, dice. Hago como que no lo escucho y le aclaro que de lo único que sé es de ingeniería hidráulica, y que aquí las instalaciones son soterradas y allá aéreas, es decir, tenemos cien años de atraso, yo incluida. Luego de cuarenta y cinco o cincuenta minutos el hombre da por terminado el interrogatorio. Pero no me suelta. Manolito está afuera, esperándome. Después me hacen pasar a otra oficina donde hay varios oficiales y alguien, uno de ellos, me dice: Sonia Mena, usted tiene que volver a los Estados

Unidos, le hemos reservado un vuelo para dentro de dos horas. Ya conocen mi respuesta, pero una vez más se las hago saber. Igual parece que no entienden y empiezan a actuar como si yo hubiera accedido. Un custodio de allí, vecino mío, me aconseja: córtate las venas, sangrando nadie puede viajar.

No hace falta. La crisis hipertensiva que me provocan es suficiente. La presión sube a ¡220 con 180! Del tiro paro en el hospital. Pero yo soy muy dura, y en media hora me recupero. Ahora para la casa, pienso. Idea equivocada. Vuelvo para 3ra y 20. Y sigo allí, retenida, durante ocho horas más. Ya de noche, cuando ven que no pretendo ceder y que no he comido ni me he bañado y que soy lo que se dice una mujer mayor, se compadecen de mí, si eso fuese compasión, y entonces deciden soltarme.

***

Lo que viene después, es hasta cierto punto previsible. No logro conseguir trabajo. No tengo documento alguno ni identidad. Estoy en el aire. Estoy en el aire y me asfixio, vaya problema ese. También debo reportarme todos los lunes. Religiosamente. Para librarme de la persecución, viajo a Pinar del Río, a casa de mi familia. Por la izquierda, claro, porque ni pasaje puedo sacar. El título universitario no me sirve de nada. El hecho de ser cubana tampoco me sirve de nada.

Así por espacio de dos años. Se dice fácil, pero dos años son una eternidad. Para colmo, Manolito enferma y hay que ingresarlo. No consigo entender lo que pasa. Se pone grave. Mi vuelta no lo ha podido mejorar. Cada dos o tres meses, hablo con mi madre. Una vez que otra, también converso con Delvia Smith. Pregunto por Nivia, pero no me saben decir. Manolito se encoge, parece un feto, me parte el alma verlo así, perdido entre las sábanas de su cama. Finalmente consigo trabajo en una empresa hidráulica de Arroyo Naranjo. Pero no como profesional, sino como técnica de mantenimiento, con doscientos pesos de sueldo. Cinco años quemándote las pestañas, estudiando a tiempo completo, para que después no te sirva de nada. En fin: un desastre. Me voy de ahí. Y empiezo como conductora del M-6. Después de todo, mi mejor trabajo de los últimos años.

La gente empieza a conocerme. ¡Una mujer en el M-6!, dicen, y yo también lo digo, y nunca caigo en la cuenta de que se trata de mí. La mujer que exige el dinero y que recorre de arriba a abajo, en una guagua infernal, la Calzada de 10 de Octubre, soy yo. A veces cortés y a veces chusma. Depende de la situación, de con quién trato. Si hace falta, saco lo de ingeniera hidráulica, y si no, lo de Santa Amalia. ¡Una universitaria de Santa Amalia! ¡Y negra! Que conoció el lujo y que ahora conduce un M-6 y que por tanto se pasa el día con las manos llenas de pesetas.

No deja de ser gracioso. Pero a los pocos meses, en noviembre del 2002 se acaba la gracia. Manolito fallece. Amanece muerto en una cama del Ameijeiras, en el piso 5, frente al Malecón y a la estatua de Maceo que se alza delante del hospital. Muere con vista al mar, lo que no significa nada. La tragedia es la misma. Hubiese podido morir con vista a un campo de cañas y a mí me hubiera dolido lo mismo.

Sabía que de un momento a otro sucedería, los médicos me lo habían advertido. Llevaba meses preparándome para la ocasión, meses y meses armando una coraza, adaptándome a la idea, para darme cuenta, al final de que no sirve de nada, de que no hay coraza alguna y de que la vida es una reverenda mierda. Nunca me gustó que fumara, pero quién puede impedir que un hijo fume. O quién puede impedirme a estas alturas, aunque todos me lo pidan, aunque los vecinos me aconsejen, aunque mi nuevo marido me lo implore... quién puede impedir que fuera del horario de trabajo me dé mis trancazos de ron, que vaya a la bodega y compre m aguardiente y baje, de una sola sentada, tres cuartos de botella, a veces más.

Pasa que siempre, sin excepción, me viene un recuerdo a la mente. No es un recuerdo de mi infancia ni un recuerdo de La Florida. Algo que no han visto los cubanos y que muchos americanos tampoco.

Una vez Delvia Smith cargó conmigo. Le pregunté adonde íbamos y me dijo que a un sitio. ¡Hay que ver las carreteras de Estados Unidos! Te estrujan el pecho de una manera brutal. Un cubano en una de esas carreteras, traten de visualizarlo, no tiene salvación posible.

Luego de varias horas de viaje, terminamos en New Jersey, pero no en New Jersey, sino en uno de sus lagos. Estábamos al noreste de Princeton, en el Lake Carnegie, un estanque inmenso y según me dijo Delvia privado y artificial, y de ese tanque inmenso que a mí para nada me pareció privado y artificial, saltaban peces dorados, muchos peces dorados, todos distintos. No sé decir cómo, pero tenía la completa seguridad de que el pez que saltaba una vez no volvía a saltar.

A mi lado, como a diez metros del agua, se alzaba un pino, hermoso y grande, aunque quizás no fuera un pino sino otra especie de árbol que yo

desconocía por completo pero que para una cubana pasaba por un pino endémico, un pino que solo podía crecer en ese lugar, cerca de un muelle de madera que se adentraba en el agua, con el cielo detrás. Y ese recuerdo: un pino imponente, el agua azul de los lagos de New Jersey, es el que me viene a la mente cada vez que me doy un trago, aquí, en el portal de mi casa o en el mostrador de la bodega.

La gente me dice entonces: Sonia, estás echando tu vida por la borda, Sonia, te vas a joder, Sonia, tú que has luchado tanto, Sonia, hija, qué necesidad. Y yo los oigo, los voy oyendo cada vez más lejos, peces dorados que saltan a mi vista, y no les hago un desaire ni les digo nada. Solo asiento con la cabeza y me mojo los labios. Ya ni les ofrezco un poco, para qué. He aprendido que los pobres son pobres.

Y que a todos les gusta el aguardiente, pero ninguno sabe brindar.

Santa Amalia, La Habana. Mayo 2011

Segundo Lugar 2011
Escritor: Tomer Urwicz (TU)

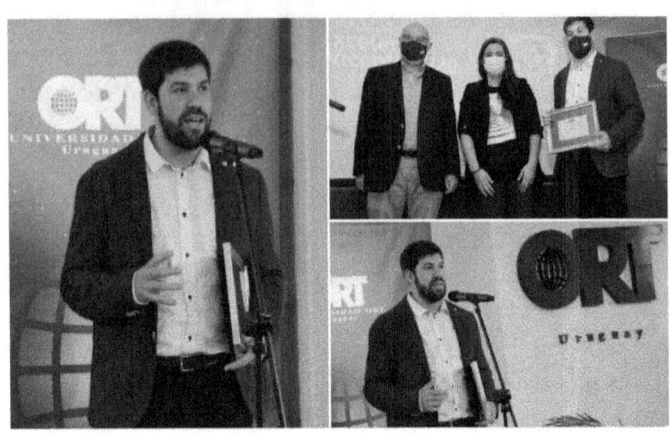

Residente en Montevideo, Uruguay

JCR: ¿Qué hora son allá en Montevideo?
TU: En estos momentos en Uruguay son pasadas 10 minutos de las 4 de la tarde, estamos a 2 horas de lo que es el meridiano de Greenwich, me encuentro en este momento en el centro de Montevideo, en un día soleado caluroso, que no es habitual necesariamente en Uruguay. La temperatura está rondando los 30 grados. Y te diré además que Montevideo, que es la capital, está vacía, desierta, porque justamente la gente aprovecha los días de enero para tomarse una licencia, para irse a los balnearios, a la costa este del Uruguay.

JCR: ¿Coméntanos sobre tu profesión, tu eres periodista?
TU: Correcto, soy licenciado en comunicación periodística, recibido en la Universidad Barrenechea de aquí de Montevideo y hace ya como 5 años que ejerzo la profesión periodística. Comencé mi carrera por la Radio Nacional de aquí de Uruguay, luego estuve en Radio Espectador, cuya programación se compone únicamente de programas periodísticos en vivo y hace ya varios meses estoy en el diario el País, el diario de mayor tiraje en Uruguay, en el área de prensa escrita en un suplemento. Justamente lleva el nombre de "suplemento domingo", en donde hago crónicas en profundidad, historias de vida, perfiles y notas de comportamiento y tendencia social.

JCR: ¿Cómo te enteraste de nuestro concurso literario?
TU: La propuesta me llegó de casualidad, de rebote. Muchas veces indagando por la nube de internet uno entra a blogs periodísticos y en uno de esos blogs aparecía la propuesta de este concurso. Me interesó la propuesta, además había escrito una nota sobre la que seguramente vamos a conversar de un inmigrante peruano aquí en Montevideo. Y dije bueno, por qué no intentarlo. Y por suerte dio resultado.

JCR: ¿En el caso de escribir respecto a personajes, sobre situaciones cotidianas, es parte de tu labor a nivel periodístico allá en la prensa uruguaya?
TU: Correcto, en si la prensa uruguaya tiene una particularidad, al ser un pueblo bastante pequeño no se da demasiado por indagar en las historias de vida, más bien las historias tienen que ver con aspectos más generalistas, de corte político, económico. Y un poco dado en la línea de lo que es el nuevo periodismo, de Rodolfo Wolf, el argentino que tiene incidencia en Uruguay, se está reviviendo una vez más esa idea de indagar en las historias particulares. En concreto, la nota era sobre un peruano que está aquí en Montevideo, muy cerca de donde yo le estoy hablando en este momento, y que él se pasea todos los días, 12 horas por día, en busca de ganarse la vida controlando la presión a la gente, es decir, con su manómetro en mano.

JCR: ¿El señor Miguel Ángel Flores Pacheco, literalmente se llama así o le cambiaste el nombre?
TU: No, no, no. Es el nombre verdadero. No se trata de ningún nombre ficticio, si quieren lo pueden encontrar en internet. Tiene su propio blog. Es un personaje pintoresco, uno lo ve en el centro de Montevideo, muchas veces cuando estás sentado en un bar él ingresa con una calma particular a pedir si te quieres controlar la presión. Sin embargo, nadie se percata en indagar en esta historia, en trascender qué es lo que hay detrás de este personaje. Y dije, ¿por qué no intentarlo? vamos a ver qué esconde esta persona, que lo ves una vez en un bar, otra vez en otro boliche y efectivamente había una historia que al menos me sonó interesante.

JCR: ¿500 pesos cuánto es en dólares, tú dices allí que él sólo se agencia a la vida con 500 pesos para pasar el día?
500 pesos uruguayos en dólares vamos a calcularle, son unos 25 dólares.

JCR: ¿Con 25 dólares se puede pasar un día tranquilo en Uruguay como parte de un sueldo de una persona?

TU: En realidad, Miguel Ángel Flores no es una persona que tenga gran confort pero tampoco aparenta ser una persona que los requiera o los necesite. Él se conforma mientras coma y tenga un techo donde dormir, lo otro tiene que ver con sus peripecias de vida y con su filosofía. No llega a un sueldo mínimo en Uruguay, si lo contamos con alguien que sí trabaja en un trabajo fijo de 8 horas.

JCR: ¿Qué significa ser pachequista en el Uruguay?

TU: Aquí en el Uruguay hubo una dictadura cívico militar, la última que tuvo el país, en la década de los 70 y principios de los 80, 13 años en concreto. Y quien antecedió a ese régimen era Jorge Pacheco Areco, un vicepresidente del partido colorado, partido conservador liberal del Uruguay, que ante la muerte de quien era entonces presidente efectivo, este vicepresidente que la gente no lo conocía, asume la presidencia de la república y toma medidas bastante drásticas y de restricciones de libertades, que nos conducen a lo que es el proceso dictatorial, en concreto a las elecciones inmediatamente siguientes, su sucesor Bordaberry da un golpe de estado el 27 de junio de 1973. Por eso se habla que pachequista, refiere a esa figura de Pacheco Areco.

JCR: ¿Te llegaste a medir la presión para conocerlo un poco más a Don Miguel Ángel?

TU: Sí, me controlé la presión, por suerte estaba bien, estaba en 12.7 lo que es lo justo. Confieso que lo hice durante una recorrida que hicimos por el centro de Montevideo, lo acompañé, entrando bar por bar, yo iba por atrás, incluso le pude tomar alguna fotografía. Ahora no me hice la prueba cuando terminamos la recorrida.

JCR: ¿Montevideo es un lugar para ejercitar fantasías, como lo dices tú y hay gente que se dedica al placer de escuchar y ser escuchado, como lo hace nuestro amigo Miguel Ángel Flores Pacheco?

Montevideo es una ciudad muy tranquila. Uruguay tiene la suerte de que no tiene grandes conflictos, desde el punto de vista bélico, tampoco tiene grandes desastres naturales. Eso permite que la sociedad viva con cierta calma y que por lo menos los principales quehaceres del uruguayo como ir a tomar mate, como se dice aquí, que es una bebida típica, a la rambla montevideana cobre la costa, se mantengan. Esos tiempos permite también que la gente se pueda volcar a los diálogos, a las conversaciones, un poco más a la filosofía. Indudablemente para los inmigrantes es uno de los atractivos que encuentran, porque no hablamos que Montevideo tiene las pirámides de Egipto, ni ninguna de las 7 maravillas del mundo antiguo y actual, por más que si hay algunos lugares que están siendo nombrados como patrimonios de la humanidad. Sin embargo, si tiene eso que tiene que ver más con el quehacer de la gente, con la forma de ser del uruguayo, montevideano específicamente, que se brinda a esas conversaciones.

JCR: ¿Cuál es la mayor presencia de inmigrantes en el Uruguay?
TU: Claramente es una sociedad de españoles e italianos, incluso eso se nota en las costumbres y en las comidas. Sobre principios del siglo XX podemos decir que llegaron una ola migratoria de Europa central, un poco impulsada por la crisis y por el antisemitismo que se vivía en la Europa pre-Nazi y por allí algunas migraciones más pequeñas del norte de África, pero básicamente hablamos de españoles e italianos.

JCR: Cuando estamos hablando de Miguel Ángel es oriundo del Perú, ¿cómo anda la migración de los países vecinos de Sudamérica hacia Montevideo o hacia Uruguay en general?
TU: No es lo normal. Sí, por ahí se da. El argentino sobretodo que decide desenchufarse de lo que es la vorágine porteña y vienen a vivir al mundo de los balnearios uruguayos con vista a la costa. Lo mismo sucede en el sur de Brasil, sobretodo Rio Grande do Sul, Porto Alegre. Sin embargo, de otros países de la región, caso Perú, Bolivia, Ecuador, no es lo normal, porque de hecho prefieren un destino de mayor escala, como puede ser Argentina o Brasil. Lo que sé, a propósito de Perú, en Uruguay se está dando la particularidad que en la zona portuaria de Montevideo, se está abriendo un nicho de peruanos que vinieron no en la fecha de Miguel Ángel, pero si en una oleada más nueva que bordeando los 30 años se concentran en la zona portuaria, trabajan en el puerto de Montevideo y luego tienen una vida un poco separada al resto de la ciudad. Es un tema para investigar, indagar y que puede dar para interesantes notas.

Un proyecto de médico errante por Montevideo

(Escrito por Tomer Urwicz desde Montevideo, Uruguay)

Miguel: Ángel de la presión

Está contento con el ex presidente Tabaré Vázquez porque desde que se prohibió fumar en espacios cerrados no tiene que tragarse el humo de sus clientes. Miguel Ángel Flores no será médico, pero reconoce las virtudes de una vida sana. Para él, la medicina "es una conexión con los demás". Así es que con su manómetro y su estetoscopio va tomándole la presión a la gente que encuentra por la calle, por estas calles de Montevideo, tan lejanas del Perú que lo vio nacer.

"¿Control de presión?", repite cada vez que se cruza con alguien. Errante por la ciudad y conocedor de los secretos que esconde el asfalto, Miguel Ángel Flores Pacheco busca recaudar 500 pesos al día; y de paso alguna charlita.

Trabaja de domingo a domingo de lo que más sabe: controlar la presión arterial. Así se la pasa 12 horas por día con su manómetro y estetoscopio en mano, entrando a los bares y ofreciendo la toma "a voluntad".

Camina con un recorrido prefijado que va desde el Mercado del Puerto hasta la Intendencia de Montevideo. Su principal arma es la paciencia para cazar algún viejito con nanas.

Miguel Ángel le saca lustre a las calles, bajo lluvia o sol. Desgasta sus sandalias de suela de goma que recubren unas medias grises y sudorientas. Debajo de una campera negra con agujeros se escapa una túnica blanca algo manchada. Una tela fatigada por el maltrato, la falta de limpieza, el deambular por los rincones más oscuros, más próxima al oficio de carnicero que de médico.

Es que él jamás se recibió de doctor. Le faltan algunos exámenes y a sus 53 años aún conserva la ilusión de graduarse. Se presenta como médico, y se lo cree. Aconseja a quien lo consulta y lleva su celular prendido por cualquier "emergencia".

Made in Perú

"Vos sos del enemigo, sos pachequista", recuerda Miguel Ángel que le decían los comunistas cuando llegó a Uruguay en alusión a su segundo apellido. Cuando muchos se escapaban, en 1978, él llegaba con las ganas de estudiar medicina. Vino por recomendación de unos amigos uruguayos de Lima, su ciudad natal.

En los primeros meses se las ingenió para trabajar de vendedor ambulante y así costear los estudios. Vendió empanadas y tortas fritas en medio de un paisaje urbano, gris, asfixiante. Muy distinta era su vida en Tarma, a 400 kilómetros al este de Lima, donde transcurrió su infancia, rodeado por el río que da nombre a la localidad.

Cada tanto su padre le mandaba "algún pesito" que con esfuerzo conseguía trabajando en las minas. La madre cuidaba del hogar y de sus hijos; siete en total. Miguel Ángel era el tercero más grande, y el segundo de los cuatro varones.

Desde pequeño tuvo la curiosidad de examinar, de tocar todo y poner a prueba. "Cuando mamá traía algún animalito del mercado yo lo abría y le sacaba los órganos", recuerda. Hoy, de grande, entiende que la medicina es otra cosa: "una conexión con los demás".

Uno de sus hermanos comprende la medicina de forma más ortodoxa. Llegó a Uruguay luego que Miguel Ángel y se recibió antes. En realidad se recibió, porque Miguel Ángel aún no lo consiguió. Cuando falleció su padre, un trauma lo obligó a abandonar la carrera y hacer de la calle su hogar.

"No, gracias"

Dice la mayoría de los clientes de los bares. Cuando lo ven arrimarse a su mesa levantan la cabeza, dejan al costado la concentración del diario o el plato de comida, lo miran, esperan el instante que dura la frase categórica:

"¿Control de presión?", y en seguida lanzan la respuesta.

La gente no parece incomodarse, pero se los nota desconfiados. "Con la salud no se juega" y prefieren probarse en una farmacia o enfermería. Miguel Ángel tampoco se vende demasiado, es tímido y de frases cortas. Tranquilo y sereno camina por el Centro y la Ciudad Vieja. Tiene tiempo para todo, hasta se deja invitar a comer por algún viejo cliente. "Esos días ya no me tengo que cocinar", cuenta. Con la plata vive justo. Le da para el alquiler de su pensión en la calle Cerrito y Maciel. No tiene grandes lujos, pero tampoco demasiadas expectativas.

"Salgo con la meta de alcanzar los 500 pesos", explica. A veces los supera y equipara a los días que no. Cada vez tiene más clientes fijos que lo esperan sentados en los boliches, pero cada vez su recorrido es más corto. "Los años me están pesando", agrega.

Se cansa y se le nota. Lo demuestra en su forma de caminar, en las largas horas de charla que puede permanecer sentado junto a un compañero de la calle. Se le marca en los callos de las manos y en su sonrisa que rara vez reluce.

El encuentro

Tiene los rasgos típicamente indígenas, los ojos entrecerrados, la piel mulata, los pómulos inflados y el pelo canoso que esconde un antiguo negro azabache. Por eso, y por la túnica, se lo puede reconocer cuando se lo encuentra en la Plaza Independencia.

Llegó 23 minutos tarde, con la calma de quien no tiene que dar explicaciones. Un apretón de manos y dijo: "¿empezamos?". El volumen de su voz es muy bajo y por momentos se hace imposible entenderlo con el murmullo de la ciudad.

Es día de paro general y no hay tanta gente en la calle. Eso permite conversar, filosofar y compartir incluso el silencio. Él está distendido. De entrada, aclara que por ser día de huelga no tiene las intenciones de llegar a los 500 pesos, "de última ayer trabajé bien", aclara.

Miguel Ángel conoce todos los bares, su clientela y a qué hora le conviene pasar. En algunos boliches entra confianzudo, dominando el territorio. En otros, prefiere pedir permiso a algún encargado antes de pasar mesa por mesa.

Sabe los atajos para llegar a cada lugar lo antes posible. "Por acá", indica en un semáforo donde la inercia incitaba a cruzar la calle. "Primero vamos al de allá", señala el Palacio Salvo. Se trata de un club de veteranos que se reúnen en el segundo piso del histórico edificio. Nadie aceptó controlarse la presión.

No stress

Siguió la marcha. Él camina tan lento que el huracán humano en 18 de julio parece llevarlo consigo, para no volver. Cada tanto se frena y saluda. En unas tres cuadras conversó con seis personas. Algunos viejos conocidos le piden algún consejo. Otros, parecen saludarlo por verlo siempre caminando, pero no parecen conocer quién es Miguel Ángel.

Deambuló por los aspectos más banales que puede tener una conversación (el estado del tiempo, el motivo del paro, cómo está jugando Peñarol), hasta que dio en la tecla.

–Tengo tiempo para pensar.

–¿Lo qué?

–Acá nadie me apura–, explica.

Él vive fascinado, como en una nebulosa. Siente que Uruguay es un país tranquilo en el que su "pensamiento va evolucionando día a día". El paisaje no coincide con la reflexión de Miguel Ángel. A dos cuadras un grupo de sindicalistas amenaza con boicotear la función de Ballet del Sodre. La policía armó un gran vallado. El tránsito está desviado desde hace unas horas y parece haber una competencia de quién toca bocina más fuerte. Pero para él, éste es un país tranquilo.

– Un mexicano vino a plantar su negocio a Montevideo. ¿Podés creer que se quedó? Acá se le fueron todos los problemas de salud.

Cuesta creerle. No por el mexicano, sino porque el porcentaje de adultos hipertensos en Uruguay es de los más altos de la región. Según la Sociedad Uruguaya de Hipertensión Arterial (SUHA), unos 800.000 adultos mayores de 18 años son hipertensos. La cifra coloca a la patología como uno de los principales factores de muerte.

Cuenta kilómetros

En la última encuesta realizada por el Ministerio de Salud Pública, en 2009 el 34% de los adultos mayores de 60 años tenía presión arterial alta. Miguel Ángel no entra en ese porcentaje. Y por más que diga que no se estresa, lo ayuda la genética, el comer una dieta reducida en sodio y la cantidad de horas que camina por día.

No sabe cuántos kilómetros recorre, lo único que tiene claro es que a las 12.00 del mediodía sale desde Ciudad Vieja y a medianoche regresa. Empieza la rutina luego del mediodía "porque la gente joven que trabaja en la mañana no se quiere probar la presión", argumenta. Y agrega: "A veces acepta alguna jovencita que se siente mal".

Él parece no agotarse; eso que sus piernas no van a ningún taller de mantenimiento. Como tampoco lo hace con su manómetro, que según los protocolos internacionales de medicina debe ser calibrado cada seis meses. Pero su máquina no para. No sabe de feriados ni vacaciones. No tiene patrón y tampoco empleados. Es simplemente él, con su conocimiento, contra el mundo. Las calles son su oficina y la conversación con algún cliente su hora de descanso.

Quienes lo conocen hace tiempo tienen su teléfono particular, que está siempre encendido, atento a la llamada de quien necesita una atención en el hogar.

Delivery incluido

Le sonó el celular. Quitó del bolsillo derecho de la bata blanca un pequeño aparato gastado, que apenas vibraba, y atendió. Miró para todos lados y se apartó. Parecía esconder algo. Es que a los clientes hay que cuidarlos.

"Era una señora que está con unos problemitas, me pidió que la pase a visitar", contó dando por sentado que esa sería la forma de terminar el encuentro del día. Antes, la visita al último bar.

Era un bar, de los bien llamados bar. En el que venden grapa pura, la faina de orillo y conservan la máquina de moler café. Adentro reinaba la soledad. Un tuboluz tintineante apostado en el centro de la sala apenas alumbraba los cuadros que retrataban un pasado que se fue. Un mozo frotaba un paño húmedo sobre una mesa que tenía la resaca de quien la ocupó. Al fondo, una persona mayor leía el diario. Un cocinero escuchaba unos tangos en una cantora mal sintonizada. Luego más nada. Lo que más cabía era un profundo olor a humedad. De esa que penetra en la piel, con su frío mojado, con sus hongos que pintan las paredes.

–¿Control de presión?

Nadie respondió. Tan sólo un anciano del fondo atinó a extender su mano y con una cara cómplice dio a entender que no.

Al salir, dos muchachos tomaban una cerveza en una de las mesas linderas al bar, al aire libre.

–¿Control de presión?

–No, gracias.

Daba cierta angustia. Pero al despedirse la clienta lo esperaría en su hogar, pronta para ser atendida. Un saludo final y lanzó su reflexión.

"Tabaré me salvó la vida", dijo mirando a los muchachos que tomaban la cerveza. Miguel Ángel entiende que el decreto aprobado por el ex presidente de la República Tabaré Vázquez, en el que se prohíbe fumar en espacios públicos cerrados, fue su salvación. "Ya no tengo que tragar esa porquería cada vez que entro".

Se fue. El agarró una dirección y yo la otra. Pero su frase daba para pensar.

"Tabaré me salvó la vida", parece una frase fría, sacada del titular de un matutino, pero no lo es. Si se lo busca en internet, se puede encontrar qué más esconde Miguel Ángel.

La investigación en las redes sociales es rápida. En tres pasos se puede localizarlo y un hipervínculo conduce directo a su blog. Que un hombre de la calle tenga su espacio virtual parece realismo mágico; él lo tiene.
Firma como médico general y eso que nunca se recibió. De sus seguidores tan sólo hay un comentario. Alicia le escribió: "Miguel: gracias por estar como siempre. Mi amigo de Ley, mi amigo del alma, del corazón. Extraño nuestras conversaciones. Espero verte pronto". El mensaje confirma qué hace un peruano deambulando por Montevideo: ejercita sus fantasías, el placer de escuchar y ser escuchado.

Tercer Lugar

NOTAS MIGRATORIAS 2011
Escritora: Natalia Gnecco Arregocé (NGA)

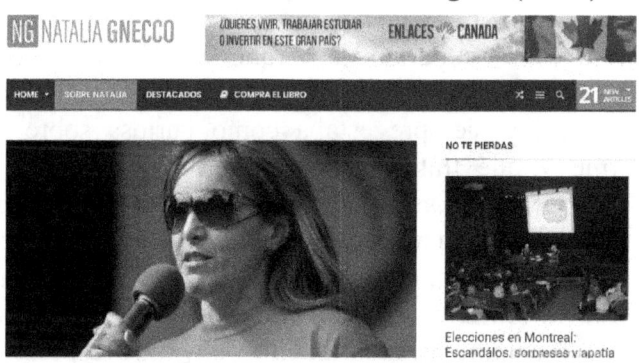

Elecciones en Montreal:
Escandálos, sorpresas y apatía

Residente en Santa Martha, Colombia

NGA: Estoy en Colombia, en una ciudad que se llama Santa Martha. No les puedo mostrar la brisa deliciosa que hay acá, el mar, el sol, que es lo que caracteriza a esta ciudad, 18 grados generalmente, contenta de comunicarme con Venezuela, nos queda relativamente cerca, por Maracaibo, la próxima ciudad.

JCR: ¿Estás en Santa Martha, el último reducto de Bolívar?
NGA: Si Santa Martha, bueno la Quinta de San Pedro muy conocida en Caracas, aquí reposan los restos de Bolívar y es uno de los sitios obligados para que nosotros vayamos para hacer turismo para que la gente visite y conozca la vida del Libertador. Es más, donde yo viví hace muchos años había un letrero destacado que decía "por aquí pasó el Libertador". Me fascinaba, muy lindo, sí.

JCR: Y coméntanos ¿qué época del año es allá o siempre es verano?

NGA: Si casi siempre es verano. Acá hay unas temporadas fuertes de lluvia. Como ustedes sabrán aquí en Colombia ha habido el fenómeno de la niña y muchas ciudades han sido afectadas, pero gracias a Dios este año ha sido menos grave digamos.

JCR: En la narrativa tú estás ubicada en Canadá, ¿estuviste viviendo en Canadá?

NGA: Yo estuve 5 años viviendo en Montreal Canadá.

JCR: Y allí tuviste esta experiencia.

NGA: Ahí tuve esa experiencia porque como usted sabrá todos los inmigrantes llegamos como a buscar qué nos ponemos a hacer. En mi caso yo era periodista y siempre estaba como curiosa sobre dónde podía desempeñarme y qué trabajo podía hacer. Y en la medida que iba conociendo muchas personas descubrí algunas que me proponían cosas como ganar dinero de esta manera u otra, de pronto a través de los estudios clínicos y esas cuestiones, entonces a mí, como yo cuento en mi crónica me llegó esta información, pues soy bastante paranoica con la salud, porque eso no lo compra nada, ni dinero, y soy muy respetuosa del cuerpo humano, digámoslo así.

JCR: ¿Tú llegaste a pasar por la experiencia o no?

NGA: No, no, no, simplemente personas iban diciéndome, iban contándome cosas y me metí en este estudio, en el otro. Después conocí una niña colombiana que tenía que hacer un viaje precisamente al Perú. Ella necesitaba el dinero. Yo había hablado con ella y le había dicho lo negativo que yo veía someterte a esto. Pero ella estaba muy urgida de plata y me dijo, yo lo voy a hacer. Cuando yo la vi tan determinada a hacerlo, le dije, me podrías colaborar con tu experiencia para yo poder narrar que es lo que se vive en esos laboratorios, porque yo sabía que yo no tenía el coraje para eso, no, yo no era capaz. Entonces, ella sí lo hizo y quedamos en ese acuerdo que yo no divulgaría su nombre verdadero, le cuidaría su fuente, pero que ella me iba a contar paso a paso como fue esa experiencia de estar allí. Iba anotar todo. Ella es antropóloga joven y lo hicimos así. Después que ella salió de esa experiencia ella me contó paso a paso y me dijo que no era tan genial hacerlo tantas veces como mucha gente ya lo hacía, que lo habían tomado como una manera de vivir. Ya no buscar ningún tipo de trabajo que no sea eso.

JCR: Aquí vemos que hay una píldora anticonceptiva llamada jazmín que requiere 22 muestras de sangre, eso le llaman scanning, también se habla de que hay efectos secundarios, pero nunca ha habido muerto ¿estás segura tú de eso?

NGA: Todo lo que yo iba investigando confidencialmente con otra colega que se llama Yobana, lo trabajábamos para la misma revista en Toronto. Ella me presentó a la hermana de una niña colombiana que sí tuvo problemas por hacerse tantos exámenes y estaba en cuidados intensivos en Colombia, porque la niña ya era patológico en ella, que por ejemplo decían, hagamos una prueba para no fumadores, ella fumaba, dejaba de fumar tantos días y se presentaba a la prueba, es decir, escondía siempre su preexistencia, sus enfermedades y de un momento a otro vino de vacaciones a Bogotá y la niña quedó en cuidados intensivos y no sabía qué tenía con erupciones en la piel, estuvo bastante mal. En estos momentos yo no sé si sobreviviría a eso, pero estaba de muerte. Cuando ella me contó eso, yo dije, esto no puede ser bueno. Así mismo, en el mismo Montreal mostraron en un programa en francés otras personas que se sometieron a un estudio que se contagiaron con este virus. Los acuartelan para que vayan a hacer las pruebas para curar el cáncer para muchas cosas prueban estas drogas. Ahora, los estudiantes también son muy llamados a hacer este tipo de pruebas disque para tener un poco de dinero extra para sus gastos. Entonces, ¿hasta dónde sí se puede, digámoslo así, colaborar con la ciencia y hasta dónde mi salud está en riesgo? Yo conocí una señora que sufría de cáncer. Y ella se somete por su propia cuenta, ella se llama Luis, otra quebequense. Se somete a probar una droga y a salir adelante con su cáncer. La señora está viva y está súper bien. Pero cuando se expone a esto una persona sana, estudiante, allí me llega como que esa duda que yo quise plantearle a los lectores, hasta dónde es importante el aporte que damos, una persona sana y que se vuelva todo el tiempo en función de todos esos estudios químicos, que ese sea su modo de vivir, que ya no piense más nada. Que diga, yo me quiero ir a Cuba, me quiero ir a Los Cayos, me quiero ir a Buenos Aires, entonces voy y me hago tantos estudios y me ahorro el dinero. No sé, yo no lo veo tan fácil jugar en ese sentido con la salud. Como usted puede ver yo también consulté a médicos. Y ellos me decían, cada droga que uno toma tiene alguna consecuencia, algún rastro, algo deja lo que nosotros consumimos, no es tan fácil ir tomando y probando nuevos medicamentos que aún no han sido aceptados en el mercado y salir como si nada. Esa parte a mí me parece delicada y sí hay gente que se ha sentido afectada.

JCR: Les pagan de 700 a 4 mil dólares por cada estudio, ¿es así de efectivo el pago por estos estudios?

Si les pagan en cash. Yo conocí un colombiano que se había internado para comprar los juguetes de sus hijos en navidad y salió con el cash con 4 mil dólares, y se pasó casi una semana allí sacándose las muestras de sangre, y a veces es un poco incómodo, porque este mismo señor me decía luego que tenía problemas de depresión, yo a veces me deprimo, me pierdo, o sea, uno no sabe hasta cuándo todo es eso le puede como influir. Pero si dan toda esa recompensa, no tienen que pagar impuestos, para la gente es maravilloso ganarse esa plata sin tener que pagar impuestos, ni nada.

El raspe y gane de los inmigrantes

(Escrito por Natalia Gnecco desde Santa Marta, Colombia)

Hace tiempo perdí el dato de cuántas personas que he conocido en Canadá me han propuesto ganar dinero con los anuncios de los laboratorios farmacéuticos. Al principio me deprimió, pues atravesar media ciudad en búsqueda de fórmulas para escalar profesionalmente y toparme con este tema, lo único que lograba era alborotar esa venita hipocondríaca que tengo escondida, que tanta gracia causa a mis amigos. Sin embargo, a medida que el tiempo pasaba, mi curiosidad periodística se desbordó y me encontré con Rita una estudiante de sociología que estaba lista para unirse al juego y poco a poco la convencí de narrarme su primera experiencia como conejito de indias.

Rita cuenta que como era primeriza le preguntaron absolutamente de todo, el cuestionario fue extenso y supremamente detallado, luego le explicaron las retribuciones que obtendría y las ventajas de no pagar impuestos pues por ser una contribución, el dinero no es declarado. Los más experimentados saben cómo mercadearse mejor, desarrollan el olfato para buscar quién les da más. "Después de mirar por varios días, en MDS, Anapharma ella se decidió por un estudio que sólo requería un fin de semana y otras visitas regulares para ver los efectos del medicamento.

Era un estudio comparativo de la píldora anticonceptiva JAZMIN entre dos laboratorios médicos, uno que ya está en el mercado en Canadá y otro por salir en Europa. Un total de 22 muestras de sangre eran necesarias, pero según el laboratorio era menos que el porcentaje donado en las campañas de la Cruz Roja.

"A este examen le dicen "Scaning" y evalúa todos tus niveles, allí me pasaron un documento llamado Consentimiento Informado donde me explicaron los efectos frecuentes, secundarios, graves y letales de la pastilla". Este consentimiento detallado y según los archivos históricos de la empresa, nunca se ha muerto nadie, además me hicieron firmar un documento para comprometerme a llamar inmediatamente al servicio que tienen de 24 horas, si presentaba una emergencia.

También me dieron la opción de escoger si utilizaba un catéter o no para las muestras de sangre, generalmente a las mujeres les hacen dos tomas extras para detectar embarazos y examinan la orina, el nivel de alcohol c si hay hepatitis, etc. En este segmento de preexistencias algunos voluntarios pueden ocultar información, sin embargo, si los resultados muestran alteraciones, los pacientes se remiten a un doctor y se bloquea su expediente clínico temporalmente.

No es una prisión

"No todas fuimos escogidas, pues presentaban inflamaciones en el útero quistes en los ovarios o presión alta/baja. Cuando las personas no son aptas para el estudio las retiran, pues todo se advierte en el consentimiento que firmamos. Existen ciertas restricciones antes de tomar los estudios, como no tomar alcohol o café, porque alteran los procesos". Puntualiza Rita.

Una vez el examen o scaning es satisfactorio, llaman a los voluntarios y participan en un sorteo, los no elegidos tendrán prioridad para ingresar a otro estudio. Es indispensable también que el seguro médico o "carte d'assurance maladie" esté vigente, por si la persona se enferma durante esa semana.

Rita no se sintió con claustrofobia, la gente puede estudiar, ver televisión hablar por teléfono, chatear y conversar. El 85% de los voluntarios eran latinos de Guatemala, Republica Dominicana, México, Honduras Colombia, Perú, Chile y Argentina entre los participantes había de todo profesionales, madres de familia, gente con empleo, sin empleo estudiantes y el resto eran canadienses. "Todo el mundo tiene una justificación económica". Confiesa Rita.

Uno de los efectos secundarios más comunes son los dolores de cabeza po eso antes de salir deben permanecer un rato en la clínica hasta que se sientan bien. "Tendré que volver durante tres días en la mañana para que me saquen sangre, es para mirar en cuánto tiempo el organismo elimina e medicamento". Explica mi colaboradora.

El tope máximo que pagan en un estudio es de 11 mil dólares, a veces lo voluntarios deben permanecer un mes o más en la clínica depende si las pruebas son para esquizofrenia, controles de SIDA o alzheimer, gastritis o diabetes.

La hora de los vampiros.

Las compañías farmacéuticas de Quebec tienen su apodo: "los vampiros", así las bautizó un estudiante latino de la universidad de Mcgill quien desaparecía por temporadas y la gente le preguntaba en dónde andaba y él decía "donde los vampiros" tiempo después sus amigos se enteraron que era "conejo de laboratorio".

Rita conoció a Claire, una canadiense de 43 años, ella estaba lista para hacer su estudio clínico número 44 y aunque tenía un aspecto saludable, los laboratorios eran su vida, no le importa nada más que planear sus futuros estudios de menopausia y de la tercera edad. Otra colombiana le contó que de los 14 inviernos que había vivido en Canadá, llevaba once con el "raspa y gana" en Toronto & Montreal y le pagaba 200 dólares a otra paisana muy parecida a ella, para usar su seguro médico y tener acceso a varios estudios al tiempo. Mensualmente ella se gana unos 5 mil dólares. "Cuando entramos en confianza me dijo que se estaba haciendo menos porque sufrió de una anemia aguda, pero seguía porque no sabía hacer otra cosa. Creo que cualquier inmigrante que llegue nuevo y caiga en sus manos perdió el año" Rita me dice sin esconder su malestar.

Otra chica Hondureña, muy simpática, le contó que sus dos hijos padecían deformaciones físicas y le ocasionaban muchos gastos, pero al menos con los estudios podía respirar económicamente. Igualmente conversó con Marie, una física nuclear canadiense que estaba allí porque quería pagarse un viaje a Cuba. Una joven venezolana le respondió que todas sus tarjetas de crédito le pitaban, entonces tenía que cubrir esos pagos "inmediatos". Otras dos mujeres que charlaban sin interrupción resultaron ser madre e hija sometiéndose a las mismas pruebas para cubrir sus deudas.

"Yo tengo una amiga que es tan adicta a los laboratorios, que pregunta los precios de los estudios, hace citas, es una obsesionada, ya no le interesa saber qué medicamento le van a dar, le da lo mismo cualquier cosa, si es con catéter o no…después que le paguen bien". Reconoce con pesar la estudiante.

Rita solo presentó su carnet universitario como identificación y ante la posibilidad de continuar en el "Raspe y Gane" respondió: "Cuando termine

este estudio debo esperar un mes para inscribirme a otro. Me da tristeza saber que es la única manera de ganar 500 dólares en menos de un mes. Pero no seguiría aquí, quiero cuidar mi salud, ser madre. Me fue bien, otros estaban tan nerviosos que se les subió la tensión, yo solo pensaba que no podría adoptar esto como un estilo de vida porque mi objetivo es salir adelante en Canadá, no quiero tener dinero para ser una mujer 'anónima'" Puntualizó la futura socióloga.

¿Víctimas o insensatos?

El doctor Comlan Amouzou, Presidente de la Asociación de Médicos Diplomados en el Extranjero considera que muchos inmigrantes que llegar a Canadá se enfrentan al problema de no poder encontrar trabajo en Quebec y por eso responden los avisos de publicidad de las compañías farmacéuticas. "Pienso que hay un problema grande a nivel del gobierno y de la sociedad de acogida porque muchos inmigrares profesionales no encuentran el espacio para trabajar y al someterse a tantos estudios poner en riesgo su salud, pero no existe otra manera de mantener económicamente sus familias.

Por su parte, Jacques Alarcia, canadiense de ascendencia española egresado de la Universidad de Laval cuenta que esta práctica es muy antigua, existe desde los 90 cuando la empresa Anapharm se empezaba a conocer, pues sus compañeros participaron en estudios médicos, algo común en Quebec. Sin embargo, afirma: "Creo que quienes se hacen tanto estudios médicos están jugando con fuego porque cualquier medicamento tiene un efecto secundario así sea un dolor de cabeza, alergias, etc." Finalmente, Saima Zaidi, joven de origen paquistaní, diplomada en Investigación Clínica de la Universidad de Mcgill, afirma que se opone a que las industrias farmacéuticas prueben sus medicamentos en voluntario sanos. "En Mcgill ofrecen recompensas a los estudiantes, pero deberían hacer los estudios en personas que ya tienen una enfermedad en una fase terminal y desean cooperar con la ciencia".

Mientras tanto, la pauta publicitaria sigue: Algorithme Pharma anuncia:

"jóvenes no se maten la cabeza, hagan estudios médicos, paguen sus gastos extras y reciban una recompensa de 700 a 4000 dólares dependiendo del estudio".

NOTAS MIGRATORIAS 2020

1er LUGAR EN GÉNERO NARRATIVA:

Lauanda Meirielles Dos Santos

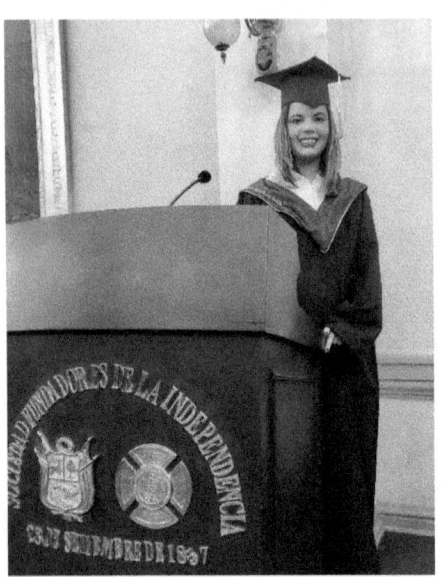 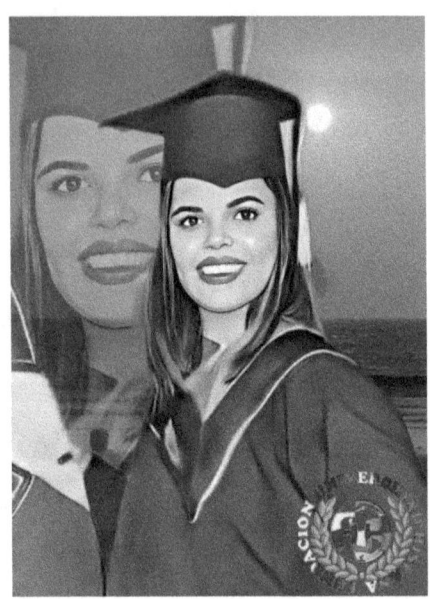

Residente en: Bogotá, Colombia
País de origen: Brasil

Lauanda nació en Brasil. Es estudiante de doctorado en antropología con la temática de migrantes por amor. Hace 4 años vive en Colombia y trabaja como voluntaria en la Asociación Hogar Nuevo Amanecer.

Ha sido partícipe de manera presencial de los actos protocolares que anualmente realiza la Fundación Universidad Hispana, recibiendo la máxima Distinción Honoris Causa en la Benemérita Sociedad Fundadores de la Independencia a propósito de conmemorarse el Bicentenario de la Independencia del Perú, tras haber ocupado el primer lugar en Notas Migratorias, en el género poético.

DOS VIDAS POR EL CAMINO

Escrito por Lauanda Meirielle Dos Santos.

Entro a mi bus, aun puedo ver a mi mamá llorando desde el andén. Tomo asiento despacio. El bus empieza a arrancar. Lloro. Con las manos en mi vientre puedo sentir esas dos vidas que brotan de mí.

Mi mamá no sabe de mi embarazo, tampoco sabe que estoy migrando para formar mi familia. Lo conocí en mi universidad. Dos semanas después que él regresó a su país descubrí mi embarazo. Recién graduada y sin empleo no tengo alternativa. Mi familia no puede mantener más bocas. Es una larga travesía.

Pasó por Bolivia, Perú, Ecuador y por fin llego a Colombia. Son diez días de viaje. Fue más duro de lo que imaginé. No he podido comer nada.

Por fin, lo veo esperándome. Siento su abrazo. Es el inicio de la vida que no planee. Creo que las migraciones por amor son temas poco debatidos. Todos pensamos que se migran por mejores condiciones de trabajo y/o vida. En realidad, hay mucho más que eso.

Dejo atrás mi gente por una nueva. Mi cultura por otra. Mi comida por una que no conozco. Todo a nombre del amor. O quizás de la locura.

Al inicio migrar me pareció bonito, diferente y nuevo. Hasta que noté que me trataban con desprecio. O que se reían por mi cabello. Empezó en pequeñas cosas y siempre me decían que era cosa de mi cabeza. Que la gente de por acá era muy amable, gentil y receptiva.

Cada día más percibía que de amables solo tenían el cuento. Cuando encontré un empleo el maltrato me quedó más fuerte: "váyase a su país", me decían los clientes, los jefes y hasta los compañeros de trabajo.

Un día estaba atendiendo un cliente, yo era cajera en una panadería. Él me dijo algo que no entendí muy bien. Pedí que me lo repitiera, era un piropo. Yo actué como si no hubiera escuchado. Al momento de darle el vuelto, él volvió a repetir el mismo piropo.

Le hice una mala cara. Fue la gota que derramó la copa. Empezó a ofenderme.

"La de gente de su país le encanta mostrar el culo"

"Que por allá todas son putas"

Empecé a llorar. No le contesté. Estaba tan nerviosa que no me di cuenta del piso mojado y me caí.

Fue en ese día que el infierno comenzó.

Fui a la clínica. Yo no tenía contrato de trabajo, era apenas freelancer. Tampoco estaba afiliada a un seguro de salud. Perdí a mis hijos. Ningún médico quiso atenderme. En realidad, ni siquiera entré al hospital. Sin carnet de pago, no eres nada.

Luego, me senté en un andén sucio, desesperada con la pérdida. Mi novio me llamó diciendo que ya no tiene responsabilidad conmigo. Su responsabilidad era con sus hijos. Él cree que yo aborté. En su país machista es difícil creer que una mujer sufre de asedio.

Crecí escuchando que Dios es brasileño, quizás lo sea, y me maldijo cuando decidí salir de mi país.

Sin embargo, no me di por vencida, desde entonces he denunciado cada acto xenofóbico que veo. Ahora, no soy solo una persona, he asumido la identidad de migrante y con él reconozco mis derechos. A mí me pueden decir lo que quieran, pero jamás me sacarán mis sueños y mis ganas de salir adelante ante cualquier problema.

Por mí, por la memoria de mis hijos y por todos lucho. Ya no hay voz que me calle o esposas que me aten.

1er **Lugar en género PERIODISMO**

Miguel Mosquera Paans

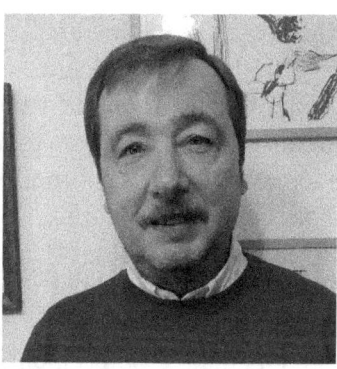

Residente en: Galicia, España.
País de origen: Países Bajos.

Es un escritor, poeta, novelista y ensayista español de Carballiño (Ourense). Nació en Róterdam (Países Bajos, 1964). Como etnógrafo ha novelado y dramatizado mitos y leyendas con el fin de preservar y difundir el Patrimonio Cultural Inmaterial de Galicia, siendo además artífice de una de las más extensas recopilaciones de leyendas de la provincia de Ourense.

Trayectoria
En 1982 debuta como poeta en el espacio cultural carballiñés creado por Xan Miras (Juan Antonio Miras Portugal), donde conoce a una representación de la pléyade cultural gallega del momento: el escritor Luis González Tosar, los pintores Alexandro, Nicolás González Aller, Laxeiro, y el escultor Acisclo Manzano, con quien cimentará una amistad de la que surgirán varios proyectos conjuntos de literatura ilustrada.

A principios de la década de los 90, tras iniciar una campaña de estudios etnobotánicos, recopila un corpus etnográfico del que ya se han ido publicando volúmenes de plantas medicinales y leyendas. Por esta época traba amistad con el también escritor Fernando Méndez, alzándose ambos en el 2013 en Argentina con el Premio Internacional de Periodismo de Investigación Ana María Agüero Melnyczuk.

En el ámbito lírico cultiva el soneto, el verso libre, la ingeniería poética y metapoesía, rasgos que ya asoman en el poemario Un silencio a cada noite, galardonado en 1984 con el 3° Premio Jazz-mín de poesía.

Entre sus ensayos destacan Ourense, dez mil años nun xantar, análisis antropológico de la alimentación gallega a lo largo los diez mil últimos años, con extrapolaciones al Cantábrico y norte de Portugal, que le valió el Premio Mundial Gourmand. También es autor del ensayo Propuesta para la nueva Ley del Escritor en Perú que, junto a los estudios de los limeños Javier Francisco Contreras Martínez y Rossana Favero-Karunarata, los argentinos Silvano Lanzieri y Martha Prono, además del colombiano Danith Urango Tuirán, fue trasladado a la Cámara Legislativa del país andino por la Casa de la literatura peruana de Lima y la Asociación de Escritores y Artistas del Orbe, para el desarrollo del citado Código legal.

Ha estudiado Nutrición, es Doctor en Medicina Natural por PULC, y Máster Internacional en Ciencias Humanas y Sociales. Como comunicador ha participado en programas de terapias alternativas de la mano de Benjamín Landín y Javier Moro, en Radio Voz, Onda Cero Radio y Radio Arenteiro Dixital. También en Cablevisión Canal 26 de Carballiño, con Marta Neira Sánchez.

Colaborador en la extinta revista cultural Fan-zine, programas de fiesta, la revista cultural El Libredón de Santander, interviene en distintos catálogos de arte promovidos por la Alianza Francesa, Servicio Cultural de Embajada de Francia, Obra social de Caixanova, el Museo de las Peregrinaciones y la Casa da Parra.

Colaborador en las plataformas digitales Soy Reportero en TeleSu (Venezuela), soyperiodista.com (Colombia), Diario Digital de Radio Pola (Chile), Ireport (México y U.S.A.), y Blasting News (Argentina), tras escribir para una sección del Xornal Escolar, desde el 2013 es columnista de opinión en las versiones papel y digital del diario La Región (Ourense). También es columnista en Galicia Digital y en Badal Novas. A lo largo de 2020 y 2021 participó como panelista en Virtual Televisión Tv3 de Lima (Perú), y en Directo a tu CPU como tertuliano a lo largo de la campaña electoral a la presidencia y Congreso de Perú.

Desde 2008 publica de manera ininterrumpida tanto en castellano como en gallego. Sus obras han sido traducidas también a otros idiomas. De alguna de sus publicaciones se ha hecho obra derivada como juegos de rol y parodias.

Fundador del sello editorial MP Literary Edition, desde 2013 convoca, entre otros, el Certamen Internacional de Poesía Nuevas Voces para la Paz.

LAS CONCERTINAS

Escrito por Miguel Mosquera Paans

Una concertina no es una canción ligera sino el himno a la más absoluta indolencia. No se trata de una alegre marcha, por el contrario, constituye una suerte de cuchillas incrustadas en un alambre que más allá de disuadir, descuartiza a quien se enreda en él evadiendo la conciencia de quien las instala.

Triste panorama cuando el ser humano es capaz de colocar semejantes artefactos para frenar a sus congéneres. Con el cuerpo ensangrentado y lleno de cortes, africanos de diferentes países en vías de desarrollo — irónico neologismo para definir la exigüidad más absoluta—, se arriesgan día sí y otro también a cruzar las vallas de Ceuta y Melilla en busca del paraíso europeo, sin conseguir que ese despiadado instrumento los detenga: las cicatrices que los marcan son más profundas y su desesperación más honda como para no resistir con la única fuerza de su propio drama: engastada en el fondo del alma llevan la marca del hambre, de la privación, de la paciencia estéril y del compromiso adquirido con unos familiares que sobreponiéndose a la estrechez sufragan su aventura a la abundancia, en una muestra de que la suma de las partes es más que el todo.

Expoliados por redes de oportunistas dedicados al tráfico humano, cruzan el Estrecho para salir de la boca del lobo abandonados en el litoral, enzarzándose en un Guatepeor al pisar la arena española, donde complejas tramas de negocios turbios los explotan exponiéndolos a toda suerte de consecuencias por traficar con un baratillo de mercancía importada de Asia, mientras malviven seducidos por el espejismo occidental arrancándole delirio a la flaqueza, en un intento de rescatar a los suyos del infierno del desposeimiento.

Pero esta expectativa está reservada sólo para aquellos que alcanzan el suelo del Mercado Común, a los demás les aguarda la odisea de la repatriación al Continente Negro, abandonados en mitad de la nada en tierra de nadie, donde se inicia un nuevo intento por conquistar la Tierra Prometida, penuria aminorada en comparación con los que se dejan la vida en el trayecto.

Ese empecinado esfuerzo debería hacernos reflexionar en que el dilema norte-sur no se salda haciendo verjas cada vez más altas que impidan el tránsito de inmigrantes. Lejos de dividir dos territorios, el vallado es la frontera que separa el derecho a la vida digna de la miseria.

Occidente debe variar el caleidoscopio con el que mide la privación de los desplazados: cierto es que los países que se convierten en anfitriones accidentales de oleadas de marabuntas no siempre disponen de recursos para acoger semejante flujo migratorio garantizando un recibimiento y trato justo, pero no por ello el mundo industrializado puede olvidar que el problema no es la linde ni la emigración, sino el hambre y en multitud de ocasiones la persecución política o la huida de conflictos bélicos. La pobreza, la guerra y la intolerancia no se solucionan con un alambre de espino sino creando riqueza en el lugar donde se origina el éxodo, fomentando la paz y procurando salidas democráticas a los pueblos cuya voluntad es rehén de Estados totalitarios.

A estas alturas de la Historia en la que la crisis ha golpeado con desigual suerte a distintos territorios, muchos españoles rememoran nuestro propio pasado como inmigrantes al norte de Europa. Esta realidad debería hacernos recordar las condiciones en la que salimos en busca de El Dorado huyendo de la pobreza y la dictadura, con una mano delante y otra detrás, con visados de vacaciones en el mejor de los casos cuando no sin papeles. Quizá si evaluamos la situación sin mezquindad nos percatemos de lo poco que nos separa de los que hoy aspiran a alcanzar nuestras costas, llevándonos a entender que, al igual que en su momento en nuestro caso, la hospitalidad de otros países nos permitió mudar nuestra economía haciendo que la necesidad abandonara el sur europeo y el norte africano, incorporándose a un bienestar cada vez más globalizado que busca la senda del Sur. Sin duda la fórmula que mayor resultado ha proporcionado hasta ahora es la de crear riqueza donde nace la pobreza en lugar de rechazar a los desheredados.

No es tan difícil: basta con comprender que hay de sobra para todos y tomar una determinación, o evocando al poeta cubano Nicolás Guillén haciendo examen de conciencia:

Mire la calle.
¿Cómo puede usted ser
indiferente a ese gran río
de huesos, a ese gran río
de sueños, a ese gran río
de sangre, a ese gran río?

1er **Lugar en género POESÍA**:

Walberto Campos

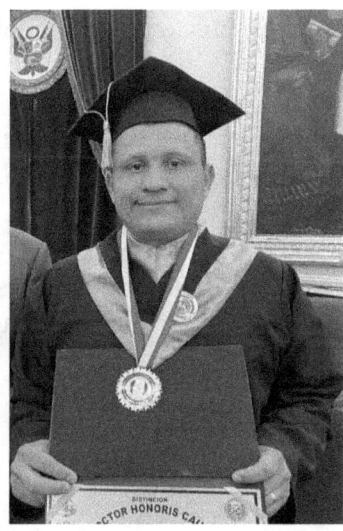

Residente en: Tampa–Florida–EE.UU.
País de origen: El Salvador
Nacionalidad: Americano.

Walberto Jeovany Campos Morales nació en la ciudad de San Jorge, departamento de San Miguel, El Salvador, el 27 de septiembre de 1982. Su inquietud por escribir empezó cuando tenía aproximadamente 12 años de edad; escribía cuentos y pequeñas composiciones sobre diversos temas.

Hacía de la poesía uno de sus pasatiempos favoritos; pero al sentir al descubierto esa habilidad mostró mucho más interés en la literatura, sobre todo en aquel género. Desde entonces, ha escrito una serie de poemas en los que se destacan temas tales como: romanticismo, crítica política y social.

Publicó su primer libro en 2007, Escribiendo con la pluma del amor, y ha estado participando en diversos concursos poéticos y certámenes literarios realizados en Estados Unidos y Puerto Rico. Algunas de sus composiciones literarias figuran en diversas antologías en España, Argentina y El Salvador. Su obra también se ha difundido en diferentes sitios de Internet.

MÉRITOS

Fue miembro del grupo literario Palabras Indiscretas, creado a finales del año

2008 por algunos autores publicados en la antología del mismo nombre en septiembre del año 2008, por el Centro de Estudios Poéticos de Madrid, España.

Miembro activo de la Asociación Internacional De Poetas y Escritores Hispanos (AIPEH), con sede principal en la ciudad de Orlando, Florida, Estados Unidos.

RECONOCIMIENTOS

MEDALLA DE ORO, otorgada por AIPEH (2010), en reconocimiento a su primer libro.

CERTIFICADO DE RECONOCIMIENTO ESPECIAL por el congreso de los Estados Unidos (2010).

2do PREMIO LIBRO DE ORO, con su libro Tiempos de niebla convocado por la Asociación Internacional de Poetas y Escritores Hispanos (2012).

1er Premio en el concurso internacional NOTAS MIGRATORIAS CÉSAR VALLEJO (2020), convocado por la Fundación Universidad Hispana, Perú-Venezuela, con su poema "Para cantarlo a gritos", incluido en esta obra. Lo recibió en ceremonia protocolar dos años después debido a la pandemia, en la ciudad de Lima, Perú.

Para cantarlo a gritos, a solas o en público
(Nadie es de aquí, todos somos de aquí)

Ya está lista su mesa, madame.
Cuando hice su reservación, alguien con acento asiático
me contestó
y fue un poco difícil entendernos,
yo con mi marcado acento latino
agravé un poco más la situación,
pero al final todo salió bien.
... ¡Y hasta adornada su mesa
con rosas de diversos colores y las peonías que le gustan, madame!
Please have a seat.
Would you like anything else?

Ya le han servido su copa.
Muy eficientes los mexicanos o centroamericanos frijoleros
(como los llama usted, madame).
¿Serán de Colombia o de República Dominicana, de Cuba o de Puerto
Rico?
¿De dónde serán?
¿De Perú, de Uruguay; de El Salvador o Guatemala;
de Bolivia, de Ecuador, de Venezuela, de Paraguay o de Chile?
(¿o habrán nacido acá, madame, y son ciudadanos como usted?)
O de cualquier otro país latinoamericano, ¿de dónde serán?

Del vino más añejo (caro) que pidió le traen
ah, ¡por Dios santo!, y ahora es un afroamericano
y viene conversando y riendo con la bartender, que es italiana,
y el mesero es blanco (estadounidense),
del color de usted, madame. (Parecen muy buenos amigos).
Ya, tranquila,
esto es muy normal en estos tiempos,
acostúmbrese para no morir con la mente muy cerrada
y no vuelva a fallecer
de claustrofobia en su estrecha sepultura.
No lo logro entender...

¿Acaso no me ha dicho usted,
en repetidas ocasiones, que sus ancestros vinieron de Europa?
¿Cierto?
Ah, entonces, tampoco es usted de aquí
(si a ese punto quiere llegar);
lleva sangre de inmigrante,
con la única diferencia de que viene del otro lado del «charco».
Tranquila, madame,
¿ordeno que le traigan otra copa para que se le pase el coraje?
Aquí tiene sus pastillas para la tensión, madame.

Ya viene su cena
en manos de un posible indocumentado
que cruzó el desierto o el río o el océano.
No le hará daño, madame (la comida).
El chef es argentino
y la encargada de los postres es una muchacha haitiana.
La señora que está a cargo del buffet y de las ensaladas es de Brasil
y los muchachos del valet parking
son todos de diferentes países,
por cierto, hay dos de Guyana y tres de Jamaica.
Los cocineros son mexicanos, centroamericanos, caribeños,
negros y blancos, madame.
Ah, y la gerente del restaurante es una señora
también afroamericana,
excelente persona…
una dulzura de mujer, muy amable;
y viera usted qué contentos están todos en la cocina,
trabajan muy duro,
pero al mismo tiempo
bromean, ríen y cantan,
felices de trabajar juntos
sin importarles el color de sus pieles
Como debe ser, madame.
Es una policromía humana, no se preocupe,
y levante un poco su vestido (muy fino), que está rozando el suelo
pisado por gente de otras razas.

¿Le molesta, madame?,
¿comerá su cena aún?
¡Está deliciosa!, ¿cierto?
Pensé que le daría repugnancia.
Claro que no. Está acostumbrada
a que la servidumbre
sea de otro color,
pues me ha contado que sus abuelos tenían esclavos.
¿La enorgullece eso, madame?...

Si mañana despierta usted con problemas estomacales,
no culpe a la comida:
es la mezcla de tantos colores
que le han causado vértigo y malestar intestinal.

Ah, mire, ya viene el postre…
esa muchacha sí es americana nativa,
la que trae el postre,
(pobres nativos, lo que tuvieron que sufrir).
¿Se siente orgullosa de eso, madame?
Es historia, y la historia hay que contarla
sea buena o no.

… Ah, sí, las fresas que adornan su postre
fueron recogidas también por inmigrantes (en su mayoría mexicanos
y centroamericanos),
posiblemente en California
o bajo el candente sol y la humedad de Florida,
con espaldas y cinturas dolientes,
con dolores menstruales,
y a usted que tanto le gustan bañadas en chocolate
y no quiere que sus amigas lo sepan
(cuida su figura todavía).

Este país está hecho por inmigrantes, madame,
no la pasaría muy bien sin nosotros.
(Si todos, absolutamente todos los inmigrantes,
decidiéramos no trabajar

por tan solo una semana,
esto sería un caos total,
se detendría todo).
Hágase a la idea
Antes de que la muerte venga por usted,
a esa no le importan las razas,
no discrimina,
se lleva de todo.

… No, no hay necesidad de llamar un taxi, madame,
la que está borracha es usted…
Vámonos, la llevo.
Aquí tiene su revista de modas,
de esas que le gusta leer durante el camino.
… Ya ve, un inmigrante la ha traído sana y salva a su casa.
¡Qué suerte la suya!, que soy abstemio…

MENCIONES HONROSAS 2020:

MORISCO PENINSULAR

Querubín Negro

**Escrito por Luis Hernández Sánchez
(País de origen: España)**

«Todos los españoles tenemos libertad de movimiento...» leyó en un viejo manual de Derecho Constitucional. Una peculiar frase que vista tras las rejas en el interior de un cuartel de la Guardia Civil en Melilla pierden valor. Las libertades son sólo para los españolitos privilegiados.

España no es el país de las oportunidades y libertades. Eso siempre se ha dicho de Estados Unidos, aunque estos principios primigenios se estén volviendo cada vez más translúcidos.

La frondosa estepa melillense castigada por el furioso amarillo y los secos vientos endurecen nuestra labor de alpinismo. Con una "equipación" tan precaria: guantes con un relleno de despojos de camisetas, zapatillas con clavos y un refuerzo de más trozos de camisetas en los calzoncillos, tenemos que luchar unos contra otros por llegar hasta la cima y saltar al otro lado.

—Eh, tú, moro —inquirió un hombre uniformado de verde—. Hora de regresar a casa.

"... regresar a casa." pensó él. Eso no es un hogar. Prefiero estar en esta "humilde" celda para siempre, que volver a la salvaje tierra de Marruecos. Saqué una hoja de doble filo que arranqué de la verja cuando intentaban hacer un socavón en aquel muro de telarañas metálicas, y la apoyé en mi yugular.

—Eh, eh. Vale, tranquilo. —El Guardia levantó las manos—. Podemos hablar, dime lo que quieres.

Yo no contesté. Apreté más la hoja sobre mi cuello, sintiendo el acerado frío penetrándome. Un hilo de sangre corrió por el desfiladero de mi papada hasta caer al suelo. Otras heridas en su rostro también manaban sangre, pero esas fueron a causa de las cuchillas que protegen la valla.

—Para, para. Por favor, suelta eso y hablaremos. ¿Qué quieres?

Restregué con la otra mano mis ojos y contesté:

—Libertad de movimiento.

Género Poesía:

MADRE

Escrito por **Juan Andrés Pastor**
(País de origen: España)

Todos los sueños se conjuran en un tiempo futuro, yo también he soñado desde niño, cuando la noche solo era un silencio a la espera de la voz de mi madre, aquella a quien dejé despierta asomada al mar del miedo y de la ausencia.

Entre ella y yo, solo queda la paciencia, extendida sobre la arena del tacto y del silencio, igual que la caricia del recuerdo, igual que la abierta cicatriz de una esperanza que no nos reconoce.

Pero todo es futuro.

Antes del mar yo supe de las uvas, del trigo, de las nubes, de los llanos paisajes de la ira, aquellos que saben que la permanencia solo obliga a defendernos de la vida y de la muerte, en un eterno recorrido circular, apenas sin misterio, sin dioses, sin destino, como siempre hemos hecho.

Todos los sueños se conjuran en un tiempo futuro, donde la uva es vino, el trigo pan, lluvia las nubes y el paisaje la paz de la alborada llana.

Sólo mi madre es un verbo de carne amasando el pasado, con los ojos del tiempo detenidos, fijando el horizonte como un mañana ciego, arrepentido.

Siempre ha defendido la alegría, como cuando tuvimos miedo, o lo perdimos. Cuando fuimos noticia o dejamos de serlo, sin siquiera saberlo el primer mundo el que se desentiende y sólo mira al norte, al frío de la brújula del siempre, que no es nada.

Luego, cuando el agua pasó, y en esta orilla nada volvió a ser cierto, aprendí los prefijos, supe que las palabras no alcanzan para sernos, y que es el mismo sol, la misma luz, pero es otra la prisa, diferentes miradas, una necesidad sin compañía, un olvido olvidado, otras las flores, otro juego en los niños y todo tan igual que me da pena.

En este frío silente, sin papeles, aún aprendí de las palabras que tanto repetimos.

Sé que refugiarse significa escapar hacia atrás, lo aprendí tarde. Sé que recordar solo es volver al corazón.

Y para terminar ahora sé que el futuro tiene nombre de madre, y la sigo soñando.

Madre, abre los ojos que quiero ver el mar.

Género Narrativo:

EL ESPEJO DEL EXTRANJERO

Escrito por **Raúl Oscar Ifran**
(País de origen: Argentina)

I

El nuevo departamento es modesto, casi miserable. Es húmedo, de paredes descascaradas. La pequeña ventana no alcanza a agredir la constante penumbra. Parece que uno puede atravesar cualquier frontera geográfica, pero nunca las fronteras de la pobreza. Se puede huir de los machetes y las piedras de los mercenarios, pero no de la cimitarra del hambre. Sin embargo, es algo alentador no escuchar el rumor de la guerra del otro lado de la puerta. Esto ya es un gran triunfo.

A veces, al despertar, escucha pasos y se sobresalta. ¡Son los blancos, o los azules, o los verdes, o los rojos! No conozco el nombre que diferencia la sangre en su patria. En todos lados hay nombres que tratan de diferenciar la creación de Dios. Y los hombres persiguen y matan blandiendo esa diferencia como bandera. Pasado el primer instante de estupor, sentado en el borde de la cama, con el corazón agitado por el miedo, entiende que está en otro lugar, lejos de su tierra. Aquí no existen los blancos, los azules, los verdes o los rojos.

Lo único que conservó de sus escasos bienes materiales es un gran espejo rectangular, herencia de varias generaciones de antepasados. En su azogue se reflejó la sabiduría de sus abuelos, la viril prestancia de los varones y la belleza de la raza en las mujeres de la familia. En él se reflejó su infancia, los días de escuela, la adolescencia en medio de una paz inestable, la juventud arrollada por el humo de las bombas y el estruendo de los disparos.

En él anhela ver reflejada alguna vez la alegría de una nueva vida pintada en los rostros de sus hijos y en su propio rostro. Por ahora, ve el rostro de un hombre triste, azotado por la mano implacable de una vida difícil.

Sale a la calle y trata de ser uno más en medio de la transeúnte caterva. Camina con paso decidido porque así se siente más seguro. Aunque nada es seguro alrededor de su persona. Siente que todo el mundo lo mira y que todos se dan cuenta que es un extranjero. Este sentimiento no pasaría de ser un tic subjetivo, si no supiera que la mayoría de la gente desprecia al extranjero. Lo lógico sería que no debiera preocuparse, porque los extranjeros también son seres humanos. Hay un dicho que dice que el hombre es ciudadano del mundo.

Levanta la frente en un gesto de dignidad más que de orgullo. Ha cambiado su vestimenta típica por un pantalón, una camisa, un saco y un par de zapatos. Los ha comprado en un mercado de ropa de segunda mano. Luce humilde pero limpio y prolijo, aunque se siente raro. Extraña la amplitud de su túnica, la comodidad de sus sandalias y la protección de su turbante. Cada renuncia es su aporte de buena voluntad al intento de adaptación a este nuevo mundo. Considera que él debe amoldarse a las costumbres de esta sociedad extraña. Sin embargo, no ha podido cambiar el color de su piel, ni la mota del pelo, ni los anchos labios que denuncian su origen.

Sus niños son tan bellos que no entiende el hostigamiento que sufren de los demás niños en la escuela. Su esposa es tan buena que no entiende porque llora en silencio todas las noches, cuando se quedan solos.

Mientras camina por estas calles atiborradas de gente de variado aspecto siente que en algún rincón de su pensamiento se extiende su desierto natal con la arena dorada al mediodía y gris en los crepúsculos, con las dunas moviéndose en un prodigioso éxodo corridas por los ejércitos del viento. En medio del murmullo constante de voces y gritos, del interminable rumor de las pisadas sobre el cemento y el eco de las bocinas, cree escuchar el melodioso canto de los pastores que arrean sus cabras y vacas con alegría y despreocupación.

Desesperadamente, trata de reconocer en medio de la marea de rostros indiferentes una cara amiga. Con ansiedad busca un gesto, un saludo, una sonrisa.

La luz roja del semáforo ha detenido momentáneamente la caravana de tránsito. Mientras los motores ronrronean, los escapes destilan finos hilos de humo y los rostros de los conductores mastican la impaciencia, recuerda el único autobús que recogía a la gente de su pueblo para llevarla hasta la ciudad a hacer las compras, ver al médico o visitar algún pariente. Era un viaje tan placentero que hoy parece de otra historia. Piensa que el dolor del extranjero no radica exclusivamente en la adaptación. Hay otra herida que punza el alma, el desarraigo.

II

El tiempo ha pasado. En el occidente moderno el tiempo parece pasar más rápido que en el resto del mundo. Debe ser por la urgencia que prima, por los intereses que se mueven, por los vencimientos que acechan. Uno se levanta al amanecer y, como por arte de magia, se encuentra en la mesa de la noche sirviéndose los despojos del día para la cena. Esta sensación no sólo se percibe con el día, se proyecta sobre semanas, meses y años.

La familia ha logrado pequeños triunfos en su lucha. Tienen una pequeña casa levantada por ellos mismos, tan pequeña y humilde como la que tenían en su lejano país. La subsistencia requiere esfuerzos despiadados. Semanas de mucho trabajo haciendo todo lo que aparezca, mecánica, albañilería, carpintería, pintura. Casi siempre por la mitad del precio que le pagarían a un trabajador local. Esto le acarrea alguna inquina, algún sordo rencor y un poco más de discriminación. Trabaja el doble y sólo puede comprar la mitad.

Siente que está en medio de otra guerra, donde los blancos, los rojos, los verdes o los azules están por todas partes oculto bajo otras denominaciones. La bala, el filo del cuchillo, no son los únicos que matan. A veces entona los viejos cantos de sus ancestros en la lengua madre, que suena distinta en su boca que lucha por manejar el nuevo lenguaje. Las exóticas palabras de su infancia se acomodan en el aire y dan forma a la nunca olvidada poesía natal. Cierra los ojos y la melodía lo arrastra, sugestiva y poderosa, hacia sus raíces. Siente que siendo otro, no deja de ser él mismo.

Su paladar consume la dieta foránea pero no consigue olvidar los sabores típicos. Al mediodía, entre los olores que emana el barrio, cree identificar una especia, un ingrediente, una receta de las que alimentaron a su raza.

La proteína del recuerdo nutre el organismo de su exilio. Cuando el día termina desanda las calles en el regreso hacia el hogar. Le contará a sus niños las antiguas leyendas de su tierra pobladas de héroes y demonios. Frente a ellos se sentirá grande e importante, una sensación que ha dejado enterrada en las arenas del desierto. En el fondo de sus bolsillos guarda el amuleto que protegió a los abuelos de sus abuelos. Está hecho con pluma de ave mágica y dientes de león. De cualquier modo, se acostumbró a la frase "si Dios lo quiere" que tanto se usa en su nuevo ámbito. Ninguna fórmula está de más.

El aspecto de su casa ha mejorado un poco. En medio de ella se luce más el antiguo espejo heredado. Se mira en él tratando de ver a un nuevo hombre. Sin embargo, el viejo azogue le devuelve la imagen de un hombre triste. Piensa que la condición de extranjero es una nacionalidad en sí misma. Nadie deja de ser chino, ó ruso ó español. Por ende, el extranjero nunca deja de ser extranjero. A lo mejor debería deshacerse del espejo, tal vez en su luna esté la clave del estigma; a lo mejor debería olvidar los cantos nativos con sus poesías embrujadoras; a lo mejor debería borrar de su cabeza los cuentos y supersticiones de sus genearcas.

Si es cierto que los espejos absorben las imágenes y las atrapan en su interior, pienso que este pobre espejo de la historia también debe estar desconcertado. En su larga existencia, es la primera vez que refleja la tristeza de un extranjero.

FIN

Categoría Narrativa

MIGRAR A LO GLOBAL

Escrito por **Carlos "Charly" Vázquez Segura**
(País de origen: Guadalajara, México)

¿Qué fue primero: el amor o el beso, el huevo o la gallina, la agresión o el resentimiento, el caminante o el camino, la migración o las visas? Nuestros antepasados comieron gallinas y huevos, agredieron, besaron y –por supuesto- fueron nómadas, viajeros constantes del mundo, fugaces pobladores de cientos de lugares por cuyas travesías heredamos un cuerpo ideal para caminar. Sin embargo, en estos turbios tiempos, migrar se ha convertido en una amenaza de invasión y en un desafío a la memoria y al orden mundial.

Lo que es primero en tiempo es primero en Derecho, por lo que la libertad para buscar mejores condiciones de vida en distintos lugares, no debería ser ni una afrenta contra unos, ni una mancha el el historial de otros. Migrar está tan implícito en nuestros genes primates como en los más ambiciosos proyectos espaciales, aunque la modernidad nos arrastre hacia el sedentarismo.

El mundo es demasiado grande, rico y generoso como para que no podamos buscar dónde acomodarnos mejor; sin embargo, un día inventamos las fronteras, levantamos muros e instituimos el Derecho internacional, y al otro día ya estaba prohibido buscar la mejor sombra, que siempre estará del otro lado de la cerca.

No niego que el orden y la legalidad son indispensables, pero no debemos olvidar que el nacionalismo es una voluble creación artificial, por cuyas deficiencias jamás dejarán de ser igualmente dueños de todo el planeta: el esquimal, el inca, el judío, el hondureño, el africano, el inglés, el ateo y cualquier otro. El mundo entero es para quienes viven el breve presente, por lo que la supuestamente proteccionista -pero altamente discriminatoria- práctica de tamizar seres humanos en las embajadas, está muy lejos de corresponder a lo que sería el orden internacional si se enfocara en los Derechos humanos. Ninguna "soberanía nacional" debe dificultar que quienes huyen de un sitio inseguro, paupérrimo, peligroso o invivible, puedan rehacer su vida en otro punto de la geografía de su planeta. Es absurdo mandar al ejército a "cuidar" una frontera contra la amenaza del hambre y el dolor ajenos.

Las lamentables migraciones humanas del norte de África, Venezuela, Centroamérica o de cualquier lugar, hacia otro; nos vuelven a obligar a reconocer errores y omisiones que se han convertido en políticas empobrecedoras, en leyes internacionales segregacionistas y en un insensible proteccionismo localista, sin visión global ni respeto por el individuo nacido en cualquier parte.

Las fronteras son divisiones intelectuales de la tierra que resultan más recaudatorias que proteccionistas y más racistas que patrióticas; por lo que debería reconsiderarse su función, adaptándose a una realidad global ineludible y a una visión integral del mundo, tanto en lo económico como en lo social y lo ambiental. Las nuevas fronteras deberían ser arcos de bienvenida a todas partes y virtualidades políticas de orden administrativo. Sobre todo, deben dejar de ser barricadas del aislamiento político que separa naciones con un desprecio y una fuerza proporcionales al contraste entre sus niveles de desarrollo.

Urge replantear el orden internacional para atender el desbalance en el reparto de recursos, derechos y oportunidades. La migración es un derecho previo al Derecho mismo, por lo que las normas que la rigen hoy en el mundo, deberían respetarla en lugar de restringirla. La migración debe ser regulada y protegida como el factor regulatorio que redistribuye en la geografía del planeta la fuerza productiva y el poder de consumo, tal como sucede en todos los fenómenos naturales regidos por las leyes de la homeóstasis.

La migración es un factor tan importante y necesario para redistribuir y equilibrar población, bienes y necesidades, que debería ser contemplada por el Derecho internacional como parte de las soluciones que le urgen al planeta. Es una herramienta de equilibrio socioeconómico, que lleva brazos y talento a donde se requiere productividad y –además- permite a la población alejarse de zonas amenazadas, sea por problemas de violencia, por catástrofes naturales o por gobiernos irresponsables o criminales.

Categoría: Narrativa

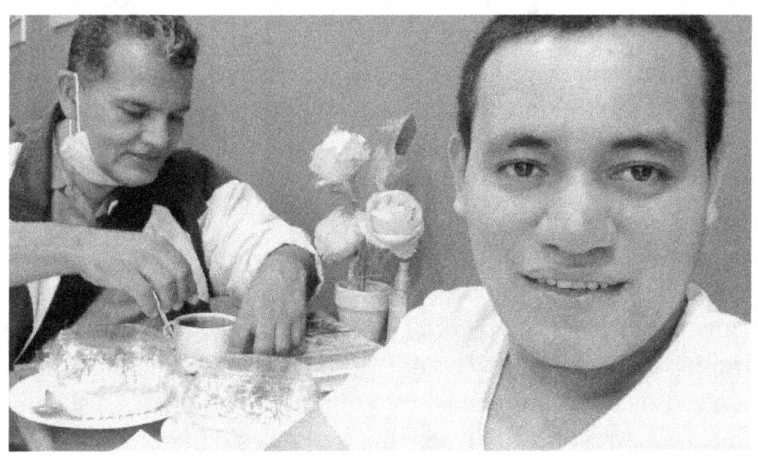

Día internacional del Migrante

Escrito por **Fabio Mendoza Obando (Q.E.P.D.)**
(País de origen: Nicaragua)

Antes de transcribir la Nota Migratoria que Fabio Mendoza Obando nos hiciera llegar al concurso, rendimos homenaje a su travesía existencial migratoria, recordando conjuntamente con el poeta Carlos Jarquin, también nicaragüense, que lo vemos tomando el selfie, que esa fue la última vez que compartieron un bocado juntos en tierras ticas. Se le ve tan animado y contento de endulzar su café a Fabio, lleno de vida, que resulta difícil saber que ya no está con nosotros físicamente. Heme aquí nuestro eterno recuerdo y cariño poeta y gracias por recordarnos nuestro Día Internacional del Migrante.

"Esta tragedia humana que representa la migración forzada hoy en día es un fenómeno global…, Son hermanos y hermanas que salen expulsados por la pobreza y la violencia, por el narcotráfico y el crimen organizado".
Papa Francisco

Es desmesurado el racismo y xenofobia que viven los migrantes mundialmente. El 4 de diciembre del 2000 la Asamblea General de Naciones Unidas proclamó el 18 de diciembre como el Día Internacional del Migrante (resolución 55/93). La migración siempre ha existido y por siempre existirá, los gobiernos de cada país deben comprometerse a generar oportunidades de empleo para todos sus paisanos y también deben atraer inversionistas extranjeros, quizás así se pueda reducir la cantidad de población que abandona su nación, políticos sean aplicados a practicar democracia, no permitan que sus conciudadanos viajen forzadamente al exterior.

El que nunca ha salido de su País no tiene la mínima noción de lo difícil que es estar lejos de sus familiares. Los derechos humanos del emigrante viven absolutamente sin respiración, la explotación que ellos viven es inenarrable, tanto hombres como mujeres y más cuando viajan a otro continente. Los derechos humanos se han aprobado para aplicarse y todo ser humano que respira tiene derecho a que sus derechos universales sean de resultados dignamente positivos sin importar: nacionalidad, religión ideología política, estatus social, intelecto, idioma, belleza externa, sexo color de piel, etc.

Muchos migrantes tienen mucha suerte de encontrar oportunidades grandiosas u otros tienen que enfrentarse firmemente a diversos e inmensos obstáculos, el mayor de ellos es el bullying. Nunca te burles de un extranjero, en nuestra existencia vivimos diferentes momentos tristes y

alegres, no todo el tiempo se vive feliz ni tampoco infeliz, tu que eres Nacional hoy estarás feliz, pero mañana quizás podrás estar infeliz en tierra extraña.

De acuerdo con Naciones Unidas, en este momento hay más de 24 millones de migrantes, 40% más que en el 2000. Hay aproximadamente 65 millones de personas desplazadas por la fuerza. Entre estas se cuentan 25 millones de refugiados, 3 millones de solicitantes de asilo y más de 40 millones de desplazados internos. Es asombroso que la población de un país esté dispersa por todos los rincones del planeta tierra, de seguro que si se pudiera vivir en los demás "planetas", el hombre no dudaría en viajar pero para esos otros mundos si hay fronteras en la tierra existe únicamente en teoría.

El Nacional excesivamente es conformista y el extranjero la necesidad lo convierte en emprendedor, quien tiene mentalidad de éxito, pero en su Patria sabe que las oportunidades están encarceladas, por ejemplo; en los países donde existen gobiernos totalitarios, obligadamente tiene que viajar y si lo hace es porque quiere vivir una vida de mejor color, si triunfa no solo se beneficiará él, sino que sus familiares y amigos serán parte de sus éxitos. Muchos que viajan al exterior tienen ideas resplandecientes, que en poco tiempo las ponen en práctica, pero hay otros que viajan únicamente para hacer el daño y eso es ser totalmente inhumano, si eres maligno en tu país en el ajeno también lo serás y si es así, lo ideal es que no salgas a manchar el nombre de tu Patria.

Categoría: Narrativa

Almas expandidas

Escrito por **Adriana Carolina Sánchez Utrera**
(País de origen: Venezuela)

Así comienza esta historia en una cocina común de un pueblo de Venezuela, mientras preparo la cena, con el silencio de la esperanza incierta, en ese momento cuando la tarde ansiosa colgaba luciérnagas en el cielo fue cuando me di cuenta que mi vida había cambiado para siempre. Pensé que aceptar las ausencias sería fácil, pero me equivoqué, lo fácil no tiene cabida en esta historia, en la que una advertida diáspora con su onda expansiva tocó el seno de las familias venezolanas.

Después de desatar el nudo que se me hizo en la garganta, entendí como cada uno recibió la dosis de cambio al experimentar irremplazables ausencias de familiares y amigos, que partieron a otros países en la búsqueda de una mejor calidad de vida, esta era la nueva rutina de todos los venezolanos, despedir a uno de los suyos, con los ojos llenos de lágrimas en el aeropuerto de la Guaira o en el terminal urbano de las ciudades más grandes del país, Maracay, Barquisimeto, Valencia y Caracas, todos con destino al nuevo mundo.

La inevitable expansión forzada a las madres les costó el llanto visible de varias noches y el invisible de los días siguientes. Mi madre trataba de disimular, pero sus ojos no podían mentir, la tristeza que le causaba el hecho de que mi hermana menor Mariana, con su hija, mi sobrina, haya partido a otras tierras, para tener ingresos dignos, para vivir bien, para ejercer su carrera de Odontólogo, como se supone que lo garantiza la constitución de nuestra amada Venezuela, pero que en realidad toda esa ley ha pasado a ser letra muerta.

Por otra parte, está mi papá, quien orgulloso le tocó presumir a su nieta con las fotos de su nuevo teléfono inteligente, el que aprendió a usar para pagar el precio de la distancia, sabe que por ahora no puede abrazarla pero entiende que es lo mejor para ellas, que estén lejos, al alcance de una alimentación balanceada, estabilidad económica y educación integral. Él entiende muy bien de sacrificios, levantó a una familia de tres hijos y una esposa, siempre fue el oficio sagrado para el cual había decidido vivir.

A los tíos y tías convertirse de la noche a mañana en padres sustitutos, así como lo fui yo por unos meses, mientras cuidé a mi sobrina Sofía, antes de que se fuera para Colombia con su mamá. Como ella muchos niños les tocó separarse de sus padres para mejorar la "calidad de vida" a costa de la inestabilidad emocional, creciendo antes de tiempo, para ganar valentía, madurez y fortaleza.

Con cada uno de mis amigos, hice una última reunión entre panas, a veces con fiesta o parrilla y bebidas, para tratar de disfrazar la inminente despedida, cada uno con destinos y propósitos diferentes, Oswin, Roivi, José Gregorio, Daniela, Alejandra, Jill, Luis Adolfo, Adrián, Sergio, Enrique, Jennifer, Angelys, Grace, Juan Felipe y pare de contar, ya son muchos los que están por fuera, más de los que aún quedamos aquí, y no sé si un día los vuelva a ver, solo sé que siempre serán mis amigos, aunque sea por redes sociales.

Para quienes son pareja, en esta etapa de movimientos migratorios, muchos cambiaron el hilo rojo que los une como amantes por una banda de hierro flexible de amor verdadero, puro y honesto. Porque para soportar la separación hace falta la fuerza de voluntad que los conecte en la pasión y el propósito en común, testigo soy de esas historias, no todas lo logran.

La tecnología nos llevó a vivir como en las caricaturas futuristas con video llamadas, para sentir cerca a los que se han ido, controlando las emociones, ocultando a veces los sentimientos de impotencia por la falta de electricidad o internet para no preocupar a quienes observan todo desde el otro lado.

Esta circunstancia que aprendimos a llevar en silencio, no sé si por cobardes o por nobles, para mantener la luz encendida, la fe despierta y la esperanza colgada en una frase: "Todo va a pasar", esas palabras me las repito todos los días.

Mientras los que se van se llevan de equipaje las ganas de volver, los que quedamos tenemos las ganas inmensas de irnos, pasó de moda el término de familia disfuncional, porque ya todas funcionan incompletas, unos allá y otros aquí, pasando los días, carnaval, semana santa, cumpleaños, graduaciones y navidades.

Esa noche preparando la cena, con la angustia atrevida socavando mis pensamientos tuve la revelación del porque ahora los venezolanos somos del mundo, cada uno con propósitos de vida distintos, para descubrir la expansión del alma, que se vuelve flexible sin ser de goma e irrompible sin ser de hierro, tal vez es la materialización de la última frase del libertador Simón Bolívar, un hombre evolucionado para su época quien deseaba el cese de los partidos para consolidar la unión de toda Latinoamérica, al final estamos unidos, caminando juntos por la inmensa necesidad de prosperar en libertad.

En ese instante después de cenar vi por la ventana una nube con forma de flecha mostrando el camino futuro y una luna de casabe que evoca mi origen, el tiempo se volvió irreal y supe que los sueños están al alcance de un deseo, que así como la noche despide a las sombras para amarrar los rayos del sol a la cintura del día, así se motiva el anhelo de un país que valiente aprendió a caminar sobre el agua, haciendo milagros en medio de circunstancias adversas.

Con la añoranza que huele arepa y una apostilla para validar sus triunfos, el venezolano se fue, para transformarse en alas y al mismo tiempo en viento, para trabajar, para crear, para enviar dinero a su familia, para ofrecer arte, talento, profesionalismo y valores, sin pensar en los límites humanos, enfrentando retos que jamás se habían imaginado, entre ellos estaba mi hermana, mis primos, mis amigos y pronto yo misma, superando miedos y apegos a la tierra que nos vio nacer.

Ahora sé que las almas que cruzan las fronteras, sea por cielo o sea por tierra, en avión en autobús, a pie, o hasta en bicicleta, no nos dejan del todo, sólo se expanden, se atreven, después de sentir esta revelación y la inspiración que ellos me regalan con su ejemplo, me iré tranquila a cruzar linderos, con las ganas de volver que no pesan y la certeza de un progreso indetenible, sabiendo que somos el alma de Venezuela que se expande con su única y maravillosa esencia.

NOTAS MIGRATORIAS 2021

1er Lugar GÉNERO PERIODÍSTICO:

"Podscat Crónica del limbo".

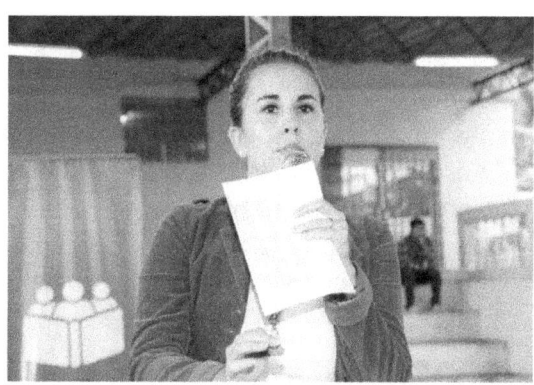

Autor: **María José de Luca Uría** (Ecuatoriana)

Comunicadora con experiencia en periodismo y educación. Se ha desempeñado como reportera, entrevistadora, y presentadora de noticias en canales nacionales de televisión del Ecuador, y como productora de contenido en medios digitales.

• Presentadora de noticias y programas de televisión, realización de entrevistas, y producción de videos para canales de televisión y plataformas digitales.

Entrevistas abordan variados temas a nivel político, económico, social, y comunitario. Labores incluyen análisis de información, contexto, y comparación de cifras y datos.

• Periodista de investigación para diferentes plataformas digitales. Investigación y análisis de problemáticas sociales, migrantes, mujeres, etc.

Podcast Crónica del Limbo

Adolescentes venezolanos viajando solos y atrapados en frontera.

El viacrucis de la reunificación familiar.

Sobre la crónica:

La pandemia COVID19 provocó que los países del sur, receptores de migrantes venezolanos, cierren sus fronteras para el paso fluido de este grupo humano fuera y hacia su país de origen. Esta situación profundizó la vulnerabilidad de los venezolanos en situación migrante, y en mayor medida la de niños, niñas y adolescentes. Un caso aún más preocupante fue el de los niños y niñas que viajaban solos cuando se desató la pandemia, y que pretendían reunirse con sus padres.

En ese mismo sentido, y para empeorar la situación, en julio de 2019, el gobierno del Ecuador emitió un decreto ejecutivo que fijó el requisito de visa para la entrada al Ecuador de ciudadanas y ciudadanos venezolanos. Este decreto pretendió regularizar la entrada de este grupo humano al país pero a la vez se constituyó como el giro de timón para el fomento de cruces ilegales o "trochas" desde la frontera colombiana. Esta situación paralela ha profundizado la vulnerabilidad de las y los venezolanos en contexto de movilidad, y en mayor medida la de niños, niñas y adolescentes.

La Corte Constitucional ecuatoriana con fecha 4 de junio de 2020 admitió el conocimiento de la causa No 212-20-EP presentada por la Defensoría del Pueblo de Ecuador (DPE). Esta causa registra el caso de cuatro adolescentes venezolanos, de 13, 14, 16 y 17 años, que cruzaron mediante "trocha" la frontera ecuatoriana con el fin de reunirse con su madre en Perú. La Defensoría del Pueblo de Ecuador acompañó a los niños y niñas hasta la frontera, y desde ese entonces se produjo un cruce legal con el Ministerio de Gobierno ecuatoriano debido a que la Unidad de Control Migratorio de la Provincia del Oro se negó a dejar pasar a los niños. Este impasse terminó con el pedido de sanción para los funcionarios de la DPE. Es así que este año la Corte Constitucional acogió el caso al considerar que su admisión podría contribuir al establecimiento de precedentes constitucionales en torno a la especial protección que merecen los niños y niñas no acompañados en situación de movilidad humana.

Ecuador no tiene una normativa secundaria y procedimientos que viabilicen la protección de derechos de este grupo humano específico. Así, que la Corte Constitucional ecuatoriana haya admitido a estudio este caso es por demás emblemático en el país, pues se establecería un precedente importante para

desarrollar normativa en este sentido. De igual manera, se marcarían las pautas para establecer protección y garantías a aquellos casos donde exista marcada vulnerabilidad, de forma que se puedan otorgar tratos preferenciales y autorizaciones expresas que protejan los derechos de niños, niñas y adolescentes migrantes.

Esta es la historia de estos cuatro adolescentes, y cómo su causa enfrentó a un gobierno, y marcó un cambio en el trato que tiene Ecuador para con los niños y niñas migrantes.

Podcast a disposición en el siguiente link:
https://www.youtube.com/watch?v=Txx6hNi-JoY&t=129s

1er Lugar: GÉNERO POESÍA:

"El Apego".

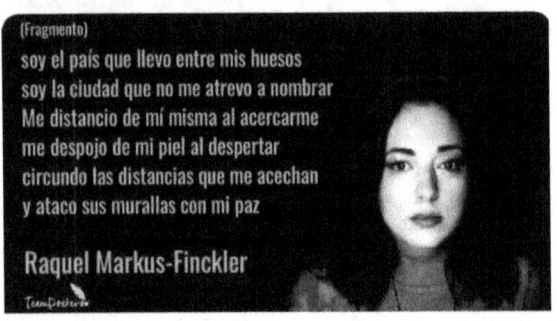

(Fragmento)
soy el país que llevo entre mis huesos
soy la ciudad que no me atrevo a nombrar
Me distancio de mí misma al acercarme
me despojo de mi piel al despertar
circundo las distancias que me acechan
y ataco sus murallas con mi paz

Raquel Markus-Finckler

Autor: Raquel Markus – Finckler (Venezolana)

Periodista, escritora y poeta judía. Productora de contenido para redes sociales y para podcasts. Más de 30 años participando como colaboradora periodista y redactora del semanario comunitario Nuevo Mundo Israelita. Autora de varios libros publicados. Ha participado como poeta en diferentes antologías y publicaciones literarias (escritas y digitales) en América Latina, Israel y España.

Raquel en una entrevista manifiesta la relevancia de que sean mujeres la galardonadas por Notas Migratorias: "Por primera vez ganan tres mujeres periodistas en el concurso Notas Migratorias César Vallejo dando el inicio a una futura voz tanto para este como a otros concursos.
– María José de Luca (ecuatoriana) por su podcast "Crónica del limbo", en el género periodístico
– Laura Itzel Domínguez Martínez (Mexicana) por "Migrar en el principio del fin: de México a Venezuela", en el género narrativo.
– Raquel en el género de poesía, por su poema "El apego"

La joven venezolana considera "que las tres tenemos una fuerte conciencia social, nos preocupamos por el prójimo, nos inquietan los sectores menos favorecidos de la sociedad y, de alguna manera, nos sentimos profundamente conmovidas por el drama humano que significa la emigración. Creo que las tres compartimos un profundo amor por el prójimo, por la escritura y por nuestra profesión. "

EL APEGO

PSEUDÓNIMO: MAR DEL FIN

Me di cuenta del apego al despegarme

percibí la nostalgia al regresar

comprendí la distancia al recorrerla

y el peso de un adiós al abrazar

Aprendí a medirme al extrañarme

a revelarme en todo lo que dejo atrás

soy el país que llevo entre mis huesos

soy la ciudad que no me atrevo a nombrar

Me distancio de mí misma al acercarme

me despojo de mi piel al despertar

circundo las distancias que me acechan

y ataco sus murallas con mi paz

Contradigo cada uno de mis mantras

desconfío del pasado que aún me marca

soy certeza diluida en un café

y un secreto que no temo defender

Soy más que mi reflejo en el espejo

Soy más que mi nombre en la boca del otro

Soy más que el viento que se llevará mis cenizas

Soy más que la que la foto en el marco de la sala

Soy más que el recuerdo que me guardarán mis hijos

Soy más que los rezos que recitamos cada noche

Soy las letras que componen mis poemas

y el ruido que hago al caminar descalza por la casa

Soy los sueños que me construyen cada noche

y los que voy dejando atrás entre olvidos y reproches

Soy las manos que cepillan dientes y cabellos

y las que siembran de cariño la piel de mis amores

Me desprendo nuevamente en el espejo cada día

y aparezco en las manos que recorren la geografía de mi cuerpo

Me busco entre las sábanas que arropan pesadillas y temores

y me encuentro en la espuma de las olas que revientan a mis pies

Me pierdo entre sonidos de un idioma castizo y provinciano

y me hallo nuevamente en el idioma que aprendí de mis abuelos.

1er Lugar GÉNERO NARRATIVO:

Título: **"Migrar en el principio del fin: de México a Venezuela"**.

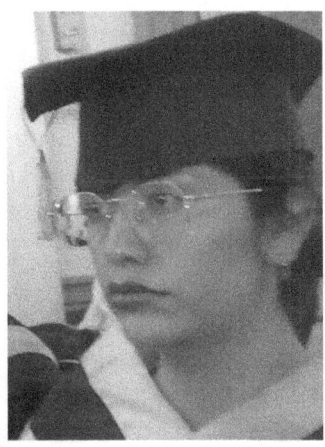

Autor: **Laura Itzel Domínguez Martínez** (Mexicana)

Comunicadora con experiencia en periodismo y educación. Se ha desempeñado como reportera, entrevistadora, y presentadora de noticias en canales nacionales de televisión del Ecuador, y como productora de contenido en medios digitales.

Migrar en el principio del fin: de México a Venezuela

Para mi amiga Ana, con el cariño justo del tiempo.

Ana Cristina Hinojos Velázquez volvió a México el 11 de agosto de 2017, en un vuelo de American Airlines. En calidad de balsera aeronáutica, como le dice ella, aludiendo al fenómeno migratorio cubano. Cargó dos maletas con ropa y un par de documentos. Algo que demostrara que era mexicana y que de paso tenía una trayectoria académica. No cargó más, sólo eso. Un par de objetos que le permitieran empezar de nuevo a sus setenta y seis años, hacer una vida en éste, su país de origen, sólo de origen.

Al regresar, el D.F. ya no existía, ahora era CDMX. Su casa ya no era su casa, en su lugar, encontró un restaurante de cecina de Yecapixtla. Se encontró recorriendo las calles de una ciudad que ya no era su ciudad. Ya no había plazas, sino relingos de lo que alguna vez fueron edificios, fragmentos de memoria desperdigados en el espacio y el tiempo. Una vida que no volverá a ser nunca la misma porque ella ya no es la misma. Porque ninguno de los que estamos aquí volveremos a ser nunca más los mismos

También cargó un pendrive, en el que acumuló fotografías imprecisas fragmentos de la pequeña gran vida. En esos retazos de memoria, hay una fotografía especial, una en la que está su madre, Dora Manuela Velázquez en una silla de ruedas. Su rostro es idéntico al de Ana, con la piel pegada a los huesos. Famélica, elegante, tenaz. Si no tuviera a Ana ahí, frente a mí, juraría que es ella. Ella en el fin de su existencia. Ella abandonando el mundo.

Para mí la muerte es un acto cruel e intempestivo. Incierto para usar una palabra más apropiada. Sin embargo, Ana era mi contacto con aquello de lo que no tenía certeza. Ella me hablaba de cómo se sentía en este instante al repasar lo hecho y lo no hecho. Cuando repasaba su historia, cuando un amigo moría, cuando se iba. Por eso, ella no hacía planes, nada tenía de cierto en ese momento, justo dos años de la pandemia de COVID-19. Justo cuando nadie imaginaba nada de un virus mortal.

Ella no sabía, siquiera, si regresaría a Venezuela. Tal vez por eso me mira con seriedad, como reprochándome mi avalancha de preguntas que no va a ninguna parte. Entonces sabía que para ella, ese era el principio del fin.

***

Ana se fue de la Ciudad de México cuando se llamaba Distrito Federal, pero el tiempo corre a una velocidad pasmosa. Se fue cuando la avenida Reforma se extendía como una especie de Campos Elíseos a la mexicana. Ella dejó la Plaza Miravalle en su sitio, en la colonia Roma. La plaza de su niñez, sus primeros amores y sus carreras en bicicleta. Pero la vida cambió para no volver a ser nunca más la misma. En su lugar, está la Fuente de Las Cibeles.

A veces preguntaba, sin más, ¿recuerdas? Pero yo no recuerdo nada. Mi ciudad no es su ciudad y tampoco es la ciudad en la que yo crecí. Ahora se llama de otro modo, tiene más gente y más supermercados. Si a mí me costaba trabajo asimilar lo trepidante de la vida, cuando la conocí no alcanzaba siquiera a imaginar su impresión. Esa incertidumbre de no saber con exactitud si el mapa del que solía ser tu hogar era el mismo o si acaso tenía un ligero cambio en sus comisuras. Esos lugares que ya no existen.

***

Recuerdo a Ana del otro lado de la biblioteca. Su piel agrietada y sus ojos chiquitos. Tenía un rostro que asemejaba a un mapa del Caribe. Su vida, lo supe después, era una analogía del Caribe. Migraciones, amor, desamor. Triunfos y derrotas. En el rostro escondía toda la nostalgia del mundo y en su voz todo aquello que no se puede nombrar.

***

Nunca logré entender a Ana. Su pragmatismo. Su huida. Su viaje. Sin embargo, siempre supe que detrás de ese caparazón había una historia marcada por el azar. Se fue a Venezuela a los 24 años. Se fue sin saber nada, más que quería huir. Fue un viaje al centro de una nueva vida, una que extrañó hasta el último aliento.

Ana llegó a Venezuela en medio de la restauración democrática. Raúl Leoni ascendía a la presidencia en 1964, justo seis años después de que un golpe militar derrocara a Marcos Pérez Jiménez. Llegó junto a Sergio —su segundo esposo— y su hija Ana Marcela.

Ambos querían huir de su realidad: ella del duelo y él de los estragos del divorcio.

—Fuimos emigrantes sentimentales–dice Ana con una sonrisa.

Y no hay nada mejor que describa semejante acto, que una huida sentimental, acaso intempestiva. Fueron contratados por un año como docentes en la Universidad de Oriente, pero el tiempo pasó y pasó.

***

Ana tenía un temple inusual. Uno que solía disfrazar con un hábito compulsivo: fumaba a todas horas. Tenía un rictus duro, pero nada de eso era cierto. El rictus se le desvanecía en el rostro, mientras escuchaba a Simón Díaz. "¿Cómo no quieres que tenga tantas ganas de volver?" repetía en silencio. Ella tenía ganas de volver, aunque se había resignado a quedarse en su país que sentía menos suyo que el prestado. Sin embargo, siempre había sido así. De niña solía jugar con pelotas, canicas y bicicletas. Mientras María Eugenia, su hermana gemela —su morocha, como le llamaba Ana—, se concentraba en peinar a sus muñecas, ella comenzaba a cultivar su gusto por los autos.

***

Recuerdo a Ana en el mangle de esta nueva normalidad. La imagino encerrada a la mitad de ese frío al que no logró acostumbrarse nunca más. Murió en el verano de 2020, en medio de una pandemia. Murió cuando era imposible volver a su país prestado: Venezuela. Murió cuando la había soñado y estaba por escribirle un mensaje.

MENCIONES HONROSAS 2021

Género Narrativo

Título: El licenciado

Autor: José R. Rodríguez

País de residencia: Grecia, Alajuela, Costa Rica

País de origen: Venezuela.

Nací en el Hospital Universitario de Caracas en 1960. Crecí entre Venezuela y España. Si me preguntan de dónde soy en Venezuela, soy de Los Teques. Si me preguntan de dónde soy, no soy de aquí y no soy de allá. Pasé casi un par de años como cadete en la Escuela de Aviación Militar, Fuerza Aérea de Venezuela. Me fui de baja y llegué a los Estados Unidos de América en 1980 y ahí hice mi vida por cuarenta años trabajando como ingeniero. Soy ciudadano americano. Perdí mi pasaporte venezolano y nunca me preocupé por conseguir otro. Todavía no me preocupo. He estado viviendo en Costa Rica por los dos últimos años.

He escrito mucho en inglés y un poco en castellano en estos dos últimos años. Mis relatos en inglés han sido publicados en revistas comerciales y literarias. He ganado unos cuantos premios literarios. He auto publicado novelas y relatos en línea; o sea, nadie sabe que los he publicado.

Mi hoja de vida es mustia, pero con savia y el otoño aun no la ha derribado.

El licenciado

El licenciado Machado maneja un Uber por las calles de Alajuela, Costa Rica. Y que licenciado, piensa Machado, no joda, que en Venezuela era abogado y se ganaba la vida arreglando papeles, lidiando con tribunales y sacando gente —a veces parientes y amigos— de la cárcel y ahora es chófer de un taxi pirata, un carrito que apenas puede subir por las calles estrechas y empinadas que se elevan hacia los volcanes que se alzan sobre el valle central como si fuesen el Ávila sobre el valle de Caracas. Todo parece lo mismo, pero nada es, esto es otro país y otra vida, la pura vida, como dicen los ticos.

El licenciado tenía su oficinita en Caracas, por Maripérez, subiendo hacia el teleférico. Era una oficina humilde, en una casa vieja pintada en colores chillones de verde oscuro y amarillo que le daba apariencia de tractor agrícola, un local acorazado con rejas y portones para proteger lo que no tenía mucho valor: archivos estofados con planillas y papeles de clientes, la fotocopiadora que era reliquia pero funcionaba bien, sillas viejas, escritorios de metal de un gris serio y más pesados que tanques de guerra, de la época de la dictadura de Pérez Jiménez que él había conseguido abandonados bajo una capa de mugre en un galpón de un amigo. En la pared detrás de su escritorio había una copia en papel del retrato del Libertador —el que pintó José Gil de Castro en Perú en 1825, no la abominación inventada por los Chavistas, que hasta el rostro de Bolívar lo tuvieron que usurpar con una cara de pendejo que no tiene nada en común con los retratos del Libertador hechos por contemporáneos suyos. Había un retrato de Andrés Bello en la sala de espera, el hombre calvo y vestido de negro como un enterrador. También tenía una bandera de Venezuela montada en un palo de escoba pintado de dorado. El palo estaba enroscado en una pesa de gimnasio que le servía de base, también pintada de dorado. La bandera, que era la de las siete estrellas, como Dios manda y no el usurpo comunista de ocho estrellas, estaba detrás de su escritorio rescatado. Detrás del escritorio de hierro estaba él, siempre de camisa de mangas largas y de corbata cuando sentado en su despacho, que él jamás trabajó en mangas de camisa o franela.

Se trajo la bandera a Costa Rica y la clavó en la pared de la sala en la casita que alquila en Alajuela con otro venezolano que también maneja un Uber y es, o era, dentista. El retrato del Libertador también se lo trajo, pero sin el marco porque no le cabía en la maleta. Lo tiene guardado en una gaveta esperando por el día que tenga colones de sobra para comprarle un marco decente para poder guindarlo de la pared. Le parece irrespetuoso guindar a Simón Bolívar sin un buen marco y usando un par de vulgares tachuelas. A Andrés Bello lo dejó en Venezuela, y ahora piensa que lo tuvo que haber traído a esta tierra extranjera porque Andrés Bello también se tuvo que ir del país a empezar vida nueva en otro; al licenciado le hubiese gustado tener a Bello guindando de su pared en Alajuela como un ejemplo digno de seguir. Andrés Bello fundó la Universidad de Chile y escribió libros en una cantidad suficiente para llenar una biblioteca nacional. El licenciado maneja un Uber y pasa hambre para ahorrar y mandarle dinero a la esposa y a su hija de cinco años y espera que algún día pueda tener suficiente dinero para traerlas a Costa Rica. El licenciado no tiene tiempo para escribir libros o fundar algo, aunque sí está leyendo el código civil de Costa Rica, para ver si aprende algo y algún día pueda validar su título de derecho.

Recibe en su teléfono un viaje de Alajuela para las ruinas de Cartago. El cliente está a un par de cuadras y lo acepta. El nombre de la pasajera es Peggy. Debe de ser una gringa. Ojalá que hable algo de español porque el inglés del licenciado es malísimo. Recoge a Peggy y a su acompañante, un gringo de pelo blanco y ojos demasiado azules, un azul de aguas turquesas en el medio del Caribe, aunque el color de esos ojos debe venir de aguas escandinavas. El licenciado sabe que él ve la vida a través de ojos caribeños porque es lo único que conoce. Nunca ha viajado a los Estados Unidos o Europa; fue directo de Maripérez a Alajuela y se trajo pedazos de su país y despojos de su pasado en su maleta vieja. Hasta se trajo el código civil de Venezuela, como si le fuese a servir para algo. Lo está usando como pisapapeles cuando abre la ventana para dejar entrar la frescura del viento que baja del volcán. El peso muerto de leyes inútiles evita que los papeles en la mesa de la cocina vuelen por todos lados. Para algo tiene que servir la ley. La gringa no habla un carajo de español. El licenciado no entiende por qué hay tanto gringo en Costa Rica y tan pocos hablan español. El viejo de los ojos azules se sienta en el asiento delantero y habla un buen español que se le entiende bien, aunque machacado y a veces equivocado. Es bueno cuando hay un pasajero al lado suyo para así evitar que el vehículo parezca un taxi, que lo parece mucho si los pasajeros se sientan todos atrás. La Policía de Tránsito puede detener un taxi pirata, darle una multa y llevarse el carro confiscado. Por lo general los de tránsito no se dedican a perseguir taxis piratas, aunque ha pasado. Lo detuvieron una vez con dos pasajeros sentados atrás. Le pidieron documentos y revisaron las calcomanías en el parabrisas nada más, aunque era obvio que el licenciado estaba llevando pasajeros. Los de tránsito revisaron sus papeles y lo dejaron ir sin problema a pesar de que sabían que estaba pirateando, pero también saben que la gente se tiene que ganar la vida como mejor pueden. Coño, que diferencia, que si hubiese sido la Guardia en Venezuela le hubiesen reventado el culo porque esos pendejos lo que hacen es joderles la vida a todos. En camino a Cartago, Ojos Azules habla sin cesar y siempre sonriendo. El viejo le cae simpático al licenciado.

—¿Por qué hay tanto gringo aquí en Costa Rica? —pregunta el licenciado quien de inmediato se arrepiente de haber dicho "gringo". Tal vez sea ofensivo y hubiese sido mejor decir "americano".

—Mucho más barato que donde venimos —dice Ojos Azules sin un trazo de ofensa. Y muchos con problemas con la ley, tú sabes, impuestos no pagados, pagos a la esposa divorciada, pagos por los muchachos bancarrotas, escondiéndose de enemigos y escapando de órdenes de arresto. Yo aquí porque me gusta.

—Aquí no es barato. Yo apenas gano para gasolina y comer.

—Sí barato para nosotros. No barato para los ticos.

El licenciado no quiere corregir a Ojos Azules, de que él no es tico. Para los gringos todos los latinos son la misma cosa.

—¿Y ella? —pregunta el licenciado moviendo su cabeza en la dirección de la Peggy sentada en el asiento trasero, aburrida y mirándose las uñas.

—No gusta Costa Rica, pero viviendo en Seguridad Social, aquí sí puede allá no.

—¿No les pagan bien?

—Pagan mierda, los cabrones esos.

Se ríen a carcajadas. Ojos Azules habla de inviernos bajo cero con fríos inhumanos, de nevadas que convierten al mundo en una blancura absoluta, de cómo la gente trabaja y trabaja y para nada porque lo que tienen es todo a crédito, pura deuda, trabajando para pagar interés e impuestos. Al licenciado le cuesta creer que los gringos estén tan jodidos como el resto del tercer mundo. Entonces, ¿quién tiene el dinero? le pregunta a Ojos Azules y él contesta:

—Los ricos y los políticos. Hijos de la chingada.

Se ríen de nuevo. Ojos Azules dice "chingada" porque aprendió su español en México, según él. El mundo es la misma mierda no importa cuál sea el país. El licenciado piensa que si se mudase al país más pobre del África tal vez le sería barato vivir allá, aunque la verdad es que no hay muchos países como su patria donde la moneda no vale nada, donde los billetes en bolívares sólo sirven para forrar piñatas. No hay país más barato que Venezuela; hasta la vida no vale nada en su tierra.

—Mira, gringo viene aquí buscando paraíso y encontrar que la vida es la misma donde vayas —dice Ojos Azules—. No es donde estás, pero quien eres.

Los deja en la plaza mayor de Cartago. Las grises paredes de piedras desnudas de la iglesia que nunca se terminó albergan bellos jardines lo que el licenciado ve cómo una confirmación de que la belleza puede existir entre las ruinas. Ojos Azules tiene razón, lo que se lleva adentro vale más de lo que se encuentra afuera por razones de geografía, aunque es difícil vivir donde nada es familiar, donde la familia no está, donde los amigos no existen, donde se es extranjero y extraño, pero el gringo tiene razón cuando dice que al final lo que vale son las ganas de salir adelante. Sí, salir adelante, no hay otra opción.

Revisa su teléfono de nuevo. Hay un viaje para Escazú en San José y el cliente está al otro lado de la plaza, un tal Reinaldo. Acepta el viaje y va al encuentro de Reinaldo, un viejo con una guitarra en su estuche, o por lo menos con un estuche de guitarra que debería de tener una guitarra adentro.

Tal vez el estuche esté lleno de chorizos o esté vacío; el licenciado sabe que no es su problema lo que el hombre carga. El pasajero parece tico. Entra en el carro y el licenciado comprueba que es tico y educado hasta el extremo, un hombre delgado, bien vestido con una camisa de mangas largas y con un sombrero blanco. La delgada banda del sombrero es en los colores de la bandera de Costa Rica. Tiene una voz amable y se sienta en el asiento al lado del licenciado, con el estuche entre sus piernas; es obvio que no lo quiere dejar olvidado en el asiento trasero.

—¿Buena guitarra? —pregunta el licenciado.

—Sí, una Martin, soy músico profesional y está noche yo y mi compadre vamos a tocar en un hotel de Escazú. Voy para su casa para practicar un poco antes de esta noche.

—Debe de ser bonito poder ganarse la vida creando arte de la nada.

—Es bonito si no le molestan hambres y penurias.

—Esas las tengo siendo chófer. Por lo menos usted se entretiene más tocando la guitarra que yo manejando por todos lados.

—La vida del músico es la del pobre, pero sí, por lo menos uno viaja y ve cosas.

—¿A dónde ha ido?

—Por toda América Central, México, Cuba, Los Ángeles y llegué hasta el Japón con un cuarteto que tocaba boleros clásicos.

—¡No! ¿Hasta el Japón?

—Sí. Nos trataron muy bien por esos lados, la gente siempre amable y educada. Tuve que aprender a presentar el grupo y a decir gracias en japonés para cuando dábamos una función.

El licenciado y Reinaldo el guitarrista hablan de música, de rock and roll de Elvis, de que el padre de Reinaldo —un italiano venido de la

Argentina— le había enseñado a tocar la guitarra cuando era niño, de la guitarra eléctrica que Reinaldo tuvo que vender por necesidad, una Fender Telecaster que todavía añora como si fuese un amor para siempre perdido. El licenciado deja al músico en Escazú, revisa su teléfono, pero no hay ningún viaje que le interese en la vecindad. Maneja hasta un restaurante incrustado entre una llantería y una tienda de muebles. Se sienta en la barra y pide un gallo pinto con un vaso de agua con hielo. La televisión guindando de la pared muestra un partido de futbol. Al licenciado le parece que es siempre el mismo e interminable partido de futbol que está presente y eterno en todas las televisiones del país. El futbol es un juego estúpido, un montón de desnutridos persiguiendo a patadas un balón de un lado a otro. Lo que daría el licenciado por ver un buen partido de béisbol. Se acuerda cuando iba a los juegos entre el Magallanes y el Caracas, cuando tenía dinero para ir a ver los juegos y cuando tenía una vida que valía la pena vivir. Ahora maneja todo el día y parte de la noche. Sólo tiene tiempo para comer y dormir. Por lo menos le pagan en colones, que es una moneda que vale algo, no una moneda fracasada como el bolívar. De esos colones comen su mujer y su hija, y sus padres, aunque las horas son largas y el futuro es el poder vivir otro día más, ganarse sus colones y repetir hasta… el licenciado Machado no está seguro hasta cuando pueda con esta vida, pero los muertos de hambre como él no tienen mucho de donde escoger. Le traen el gallo pinto y empieza a comer. Qué bonito sería, piensa el licenciado mientras mastica su comida, el tener su bufete de nuevo, que un bufete humilde es mejor que estar detrás del volante de un carrito hora tras hora hasta que el culo y la espalda duelen. Tendría su retrato del Libertador detrás de él, al lado de los de Moras y Cañas, porque hay que reconocer que está en Costa Rica. Cinco años de derecho en la Universidad Central de Venezuela para terminar manejando un taxi pirata en un país extranjero. Le da rabia pensar en esas cosas y se obliga a no pensar; en su lugar, ve el partido de futbol y se distrae con las muecas exageradas de dolor en las caras de los jugadores caídos. Carajo, si a esa gente tan delicada le meten un pelotazo o les dan con un bate los matan.

Come con una lentitud planeada y bebe mucha agua para que la comida parezca más de lo que es. Ha perdido peso gracias a la dieta del que necesita ahorrar su dinero. Hay otras bocas que alimentar, que vestir, medicinas para sus viejos —si se encuentran— y la responsabilidad de ver por otros. Por él nadie mira, si él no trabaja, nadie come. La responsabilidad le pesa sobre los hombros cansados. De nuevo, se obliga a no pensar en esas cosas porque la negatividad no ayuda. Revisa su teléfono. Hay otro viaje disponible, hasta El Cajón. No sabe dónde es así que consulta el mapa. Es arriba de Grecia. Acepta el viaje, paga por su comida y regresa a su carro. El pasajero es Diego, un hombre entrado en años a quien no se le puede llamar viejo todavía. Se sienta al lado suyo, gracias a Dios. Toma la carretera Panamericana y va camino a Grecia. Es la misma Panamericana que pasa por Venezuela, con sus mismos camiones lentos y viejos, sin hombrillos y con cunetas profundas que tragan carros. Diego está desempleado, viene de una feria de empleo para gente de cibernética. Diego programa computadoras y habla de escribir código, nada civil o penal, sino de computadoras.

—¿Y cómo le fue, consiguió algo? —pregunta el licenciado.

—Nada. Tengo años de experiencia y sé lo que hago, pero soy muy viejo; me lo dijeron a la cara.

—Coño, eso no está bien. Eso es discriminación, ¿sabe?

—La manera de decirlo es que estoy sobre calificado, que es lo mismo que decir que sé demasiado por viejo.

—Te joden por no saber nada y te joden por saber demasiado.

—Llevo dos años buscando trabajo. Ya perdí la casa y estoy viviendo con la hija.

—Lo siento mucho. Parece que la vida se hace más dura con los años. Yo siempre creí que sería al revés.

—Estoy pensando en manejar un Uber —dice el viejo Diego—. Tengo un primo que me está vendiendo un carrito a un buen precio y se lo puedo pagar a saldos.

Hablan del trabajo de manejar, de las largas horas, del costo de gasolina y mantenimiento, de la Policía de Tránsito, de pasajeros borrachos y de cómo la vida lo pone a uno en situaciones que nunca esperaba.

—Yo soy abogado —dice el licenciado —, pero en Venezuela, no aquí. Aquí soy un chófer pendejo.

—Por lo menos se está ganando la vida.

—Por lo menos eso, si es verdad. No me debería quejar.

—El quejarnos es gratis, así que disfrutemos mientras que el gobierno no lo prohíba.

—No crea que es chiste, que de donde yo vengo, hasta eso nos prohíben.

Pasan por el centro de Grecia con su iglesia roja y suben por la montaña donde los cafetales caen y se esparcen por las laderas y el viento sopla fresco bajando nubes del Poás. El carrito se esfuerza cuesta arriba. Hay tractores de campesino jalando remolques llenos de gente y caña, los ticos les llaman chapulines, a los tractores, aunque el licenciado no sabe el por qué del nombre, ¿si hay uno rojo, será un chapulín colorado? Gente camina por el borde de la carretera, ensombrerados y con sus fundas de cuero a la cintura donde cargan sus machetes; esto es campo. Pasan por unos recibidores de café y el licenciado ve uno pintado de verde y amarillo como su antigua oficina. El día que tenga su bufete, mejor no lo pinta en esos colores para no confundir a los cafetaleros que la van a traer café recién cosechado en lugar de problemas legales. Deja a Diego en la casita de su hija y se regresa cuesta abajo. Agarra otro viaje en la plaza de Grecia, un tal José quien necesita ir a Atenas.

—Yo era rufero —dice José, sentado al lado del licenciado quien piensa que su pasajero es un hombre entre los treinta y los cuarenta años. Es un hombre esbelto de brazos vasculares con un corte de pelo que lo deja pelón en los lados y detrás de la cabeza y lo que le falta por los lados le sobra arriba como un arbusto con el tope plano.

—¿Era qué?

—Rufero, trabajando con techos, que en inglés se dice ruuf, o sea, techador.

—¿En el imperio?

—No, en New Jersey.

—Bueno, la misma vaina. Es que en Venezuela llaman el imperio a los Estados Unidos.

—¿Y eso?

—Un invento de los comunistas.

—Yo no quiero nada con los cacamunistas esos.

—Yo tampoco, por eso es por lo que estoy aquí manejando.

—Se hubiese ido al imperio, que pagan en dólares —dice el rufero—. En este país no pagan bien y no hay trabajo.

—No hablo inglés. A veces sospecho que mi español no es mejor —dice el licenciado—. Además, para conseguir visa allá es bien jodido.

—Pues vea, que yo llegué a Trenton sin visa y sin inglés. Lo único que traje conmigo fue un par de mudas de ropa y las ganas de trabajar. Tuve la gran suerte que me fui a quedar con uno del pueblo mío y al día siguiente de llegar me llevó al trabajo, de rufero, y yo no sabía nada de eso, que allá los techos son diferentes que aquí. Me presenta al jefe, Jeff, un gringo inmenso que no tiene cuello y es músculo por todos lados; tiene brazos más gruesos que las piernas de un futbolista. No hablaba mucho español pero entendí que le dijo a mi amigo que yo era demasiado flaco pa' andar cargando tejas y trabajando de sol a sol encaramado en un techo. Dile a gringo que yo soy bueno pa' trabajar, le digo a mi compadre. Jeff dice que puedo trabajar por una semana, y si al final de la semana no me he rajado y he hecho bien, él me paga, pero que él no me va a pagar si soy flojo. Está bien, y empezamos a trabajar, y mire, ese mismo día la máquina que sube los paquetes de tejas hasta el techo se rompió, y dice el Jeff que hay que subir los malditos paquetes echándoselos al hombro, una en cada hombro y a subir por la escalera arrimada al edificio como si uno fuese un hombre se echa sus paquetes, uno en cada hombro, y sube la escalera como si fuese un gorila. Cada paquete pesa más de cincuenta libras, que son como treinta kilos, y yo veo al gringo ese subiendo esas bolsas escalera arriba y me digo, bueno, pa' eso fue que vine, pa' trabajar y no me voy de aquí sin darle todo lo que tengo, así, como si fuese Juan Santamaría. Me hecho un paquete en cada hombro y me voy escalera arriba también, llego hasta el techo y le tiro los paquetes al Jeff que me estaba esperando, sonriendo. Subimos dos paquetes cada uno por un par de horas y puedo ver que el Jeff está cansado y empieza a subir con un paquete. Yo lo sigo con dos. Al llegar arriba me dice que un paquete nada más. Al final de la semana todavía era rufero, el Jeff me paga con una pila de dólares y yo nunca había vista tanto dinero junto. Trabajé para Jeff por quince años, él es el padrino de mi hijo que nació allá. Terminé como jefe de cuadrilla y yo solo con mi gente montaba techos. En invierno —que no se puede trabajar montado en un techo cubierto con hielo— despejábamos nieve con camionetas con palas montadas al frente. Mire, teníamos que limpiar el parqueo de moles, de restaurantes, de bancos, de todo. Yo pasaba hasta dieciocho horas detrás del volante, limpiando nieve, comiendo en la camioneta, pero el dinero era bueno.

—Pues mire, que esa es mi queja —dice el licenciado—, yo trabajo dieciocho horas y el dinero no es mucho. A mí no me jode trabajar, pero sí que la paga sea mala.

—Hay que ir al imperio. Yo todavía estaría allá. Lo que pasó fue que la migra me agarró sin documentos. Pasé ocho meses en detención y al final me deportaron. Me prohibieron regresar por diez años y estoy esperando, mirando el calendario; me queda un año. Jeff ya está hablando con un abogado para ver si puedo conseguir la visa. Jeff me dijo que la situación está bien difícil por allá, están deportando gente a diestra y siniestra, que no se me ocurra venir sin la visa.

El licenciado deja al rufero en Atenas. El mundo se está poniendo chiquito, los de aquí van allá, los de allá vienen aquí y el licenciado sabe que él es tripulante de esa armada de naves sobrecargadas de gentes desesperadas, naves impulsadas por velas infladas con esperanza sobre mares revueltos con dudas y con la creencia en calles enladrilladas con oro que esperan, naves que van a atracar en tierras extrañas donde cada uno busca su dorado a duras penas. A algunos les va mejor que a otros, no hay garantías para nadie sino nuevas oportunidades para ser exitoso o para fracasar.

Sube y baja cuestas, recoge y descarga pasajeros, habla y escucha, y escucha más que habla; eso lo aprendió en su previa profesión, que más vale oír que abrir la bocota. Algunos pasajeros se sientan atrás, otros al lado suyo y la noche cae y el licenciado circula por calles y barrios, le duele la espalda, come apurado, y al final llega a su casa. Entra y saluda a su compañero de casa, el dentista.

"¿Cómo está, doctol?"

"Muy bien, ¿y usted, licensiao?"

"Mejol".

Se ríen, beben una cerveza y se retiran a sus cuartos a hablar en sus celulares con las esposas y los hijos dejados atrás, conversaciones rápidas para ahorrar minutos caros, y es la misma conversación en dos bocas diferentes porque son compañeros que no sólo comparten la casa sino también la misma vida con los mismos problemas. El dentista se ducha antes de ir a la cama. El licenciado lo hace por las mañanas y la costumbre funciona bien con un solo baño en la casa. El licenciado Machado abre la gaveta donde está el retrato del Libertador. Debajo del retrato está su título de abogado, ese papel mágico que lo iba a sacar de la pobreza y llevarlo por lo menos hasta la clase media, cuando una existía. Retrato, título y esperanzas son historia, cosas que ya no existen. Pone el retrato y su diploma sobre la mesita de noche, apoyados de la pared, testigos de un pasado que tuvo sus momentos de gloria. Se quita la ropa y queda en calzoncillos. Se acuesta sobre la cama; nunca se mete bajo las sábanas y duerme boca arriba y sin moverse como un cadáver. Está agradecido de estar cansado para evitar pensar en lo que fue, en lo que no es, en lo que será o no será. Cae dormido en un par de minutos.

Género: Poesía

Título: País de los entierros
Autor: Blanca Esthela Álvarez Caballero
País: (Zinacantepec, Estado de México, 1975).

Es Maestra en Humanidades por la Universidad Autónoma del Estado de México (UAEMEX) y Licenciada en Letras Latinoamericanas por la misma institución. Obtuvo la Presea Ignacio Manuel Altamirano Basilio, en 2005, por la UAEMEX. Obtuvo el Pergamino Horacio Zúñiga, en Toluca, 2010, por labor literaria. y la Presea Zinacantepetl, en Artes y Letras "Matilde Zúñiga Valdés", en 2015. Obtuvo primer lugar en el Certamen Internacional de Microrrelato a los Puertos, Argentina, 2019, en Plaza de los poetas, Quequén, y el segundo lugar en el Certamen Internacional de Poesía al Futbol, Argentina, 2019, en Plaza de los poetas, Quequén. Obtuvo el tercer lugar en el género ensayo, en el Certamen Internacional Letras de Iberoamérica, Ciudad de México, 2019. Fue Jurado en los VII Juegos Florales Nacionales "Horacio Zúñiga", 2019 y fue Jurado en los Premios Limaclara de Ensayo 2020, Buenos Aires, Argentina. Es dictaminadora de las revistas Castálida, La Colmena y Ciencia ergo sum.

Obtuvo mención honorífica en el Concurso Internacional de microrrelato y poesía Hacia Ítaca 2021 y 2018, en Buenos Aires, Argentina. Obtuvo mención honorífica en el Concurso Internacional de Soneto a Lionel Messi, 2018, en Argentina. Ganó el primer lugar en cuento, en el XII Certamen Literario "Palabra en el viento", en Ecatepec de Morelos, 2018, y el 2o. lugar en poesía en el mismo certamen. Ganó el 2º lugar en cuento, en el XI Certamen Literario "Palabra en el viento", en Ecatepec de Morelos, 2017, y el 3er. lugar en poesía en el mismo certamen. Ganó en 2003 1er. lugar en poesía y 2º lugar en ensayo, por parte de Identidad Universitaria de la UAEMEX, entre otros reconocimientos.

País de los entierros

Seudónimo: Cronosbank

I País de los entierros

Cronos, eres la guerra,

la inmensa espesura de esta muerte.

Árida madre, tierra, con acre aliento muerdes

corazón de los hombres que se pierden.

Tú sólo vengas, férrea,

errores inhumanos por los vicios.

Nadie olvide este lastre de penas y suplicios,

ni tu cuerpo arrojado al precipicio.

La luna no es radiante

si en los ojos revientan las masacres:

la conducta indignante, la corrupción flagrante,

el maligno poder de autoridades.

Cambia espiral de lustros.

Edifican, destruyen los ambages.

El saqueo es robusto para los propios grupos.

Desechos de políticas, ultrajes.

Notas migratorias César Vallejo

Mirar, aquí, a nosotros,

atados legalmente a oquedades.

Como troncos sin rostro, grisáceos cielos vamos

tras perversos tiranos de orfandades.

Hoy todos se preguntan

si el genocidio está por reiniciarse,

pondría, así, en venta, con sus longevas cuentas,

discriminación a los inmigrantes.

Soportan a *La Bestia,*

más noble que el país de los entierros.

Resisten toda piedra que en el camino quiebra

para llegar al muro de los sueños.

Atrapados sin nombre.

Anonimato es su naturaleza.

Raídos, sucios, torpes. Amenazantes sobres

recibe por ser nadie la pobreza.

Resuena lo profano

para todos aquellos, los ingenuos.

El sueño americano, el que fue muy antiguo.

no encontrará nunca el jardín amado.

Ceniza y polvo gritan

por continente siempre más estrecho.

Hablas, caes, vigilan. De pie, te castigan.

Si no asesinan, huyes, tan maltrecho.

La lira tocará

una elegía de tumba para ellos.

Una flor cantará su sepulcro de sal.

El silencio en América ya es miedo.

II Osamentas rotas

Esclavitud de ahora

como antes la hicieron conquistadores.

Carniceros otrora, las osamentas rotas

dejaron, muestran, colonizadores.

Los desaparecidos,

sangre sacrificada por verdugos:

niños, feminicidios, costales sacudidos

de escarnio, polvo y ceniza: humo.

Con fotos maquilladas,

suena el tambor un viento inmerecido

por víctimas halladas, cruelmente degolladas.

Millones son esos filicidios.

Archivar la memoria,

un rostro no son nunca documentos.

Tergiversar historia, antiética escoria

de quien no se conmueve ni un momento.

III Rufián hamburguesero

Adobe, tejas, chozas.

En México llamamos los jacales.

Asbesto, humilde casa. Sin agua, luz, sin ropa

escapan con al narco a vecindades.

Dejan a los pequeños,

mujeres en los llanos, prostitutas

se unen a lugareños, les pagan los fuereños

por calles de fronteras tan hirsutas.

El desierto del norte

siembra con injusticia su impiedad.

Desempleo, recorte, cierre de pasaporte.

La nación vecina iza su crueldad.

Que no hay país amigo,

dice el americano traicionero.

Europa es un testigo. Latinos, los mendigos

para rubio rufián hamburguesero.

IV Dreamers latinoamericanos

Fueron a trabajar.

Se hicieron dreamers todos sus esfuerzos.

Los quieren repatriar. Los van a aniquilar

por hablar en inglés con alto precio.

Forjaron ciencia y arte.

En deportes lucen verdaderos.

El blanco los aparte, al indígena amarre.

Los enjuician, inculpan: prisioneros.

Ver campanas, ríos, mares

curarse las heridas del desprecio.

Querer a hijos y padres jugar a ser alegres,

como en treguas de luz es un anhelo.

Disminuyen remesas.

Periódicos maquillan las falacias.

Urden falsas promesas en zonas extranjeras.

Presidentes esconden su malicia.

V Taladrar

Taladrar, taladrar,

parir la muerte en cada campesino;

con alcohol granjear, monedas estrellar.

Cortar las cabezas en el camino.

Robó mezcal,

la leña trozada en las faldas del volcán.

El gesto es una seña para arrancar las peñas

en colinas sin pinos y sin pan.

Deviene El llano en llamas,

vieja Comala en pobladores ebrios,

ingenuos, sordos, lerdos. Hijos de los gobiernos,

marginación y olvido, eso reclaman.

VI Mineros

De la mina los sacan,

del páramo se escuchan las campanas.

Heridos que rescatan, con la cuerda los atan.

Se escucha que no tenían mañana.

Mientras los poderosos

lucen joyas, relojes de oro y plata

con discursos grandiosos, aplausos numerosos

al saber que los cuerpos no se acaban.

Hombres de cuello blanco,

escorial podredumbre en el asfalto,

hacen eco del canto con gestos entre el llanto:

las pérdidas descansan en lo alto.

Los gobernantes parten.

Que los muertos entierren a sus muertos.

Los encargados surten de víveres que curten

la piel entre la nada que es desierto.

VII Marea

Indómita marea.

El tiempo se agiganta o retrocede

con altas olas fieras. Las bahías se anegan.

Siempre regresa herida al mismo vientre.

Con asombro recuerdas

infancia que pescó en las fuertes redes,

jaibas entre las cuerdas, pescado y camarones.

Con arrugas de lustros nada vuelve.

Alcanzar unos cocos,

con el bastón añoras las palmeras.

Entre tejidos rotos, frutos ahora pocos,

deseas la juventud viniera.

Quejarse en la vejez.

Gozar o acribillar la tiranía.

Dolerse en cárcel sin sol por otra vez.

Inculpado en inglés sin más valía.

VIII Frontal horror

Sumergido en la hondura

sobrevives a grados indecibles.

El suelo ya es premura. El adversario duda:

granadas o torpedos infalibles.

Distancia entre los dos,

un bufido bajo el bloque de hielo,

Parece estar lejos. El americano es ligero.

Pronto no evades torpedo entre los dedos.

Él logra perforarte.

Mantuviste sitiada una amplia zona.

Miras las filtraciones, vuelcan irremediable

sin ver amor ni aquel país que hoy odias.

Ríes con ironía.

Miras las fotos de tu mujer que espera.

Absurda es la osadía, la turbia egolatría

de la nación que te envía a que desfallezcas.

Unos corren, se estrellan.

El submarino abierto a pedacitos.

El fuego ya hace mella. Sobre la arena hueca

tiñe de rojo la sangre del latino.

Se cierran las pupilas.

Capitán de la muerte, eso piensas.

Objeto te vigila. No más ser el gran guía.

Encallas para siempre y lo silencias.

IX Taza desportillada

Cuerpos desacralizas.

Pudor se pierde en juego animalesco.

Lamer senos a oscuras. Aquellos muslos cruzas.

Mercancía eres tú, cliente grotesco.

Te tiñes y disfrazas

a un lado del muro, desvencijada.

Por cada noche ganas lo que tu carne arrastra.

Vuelves sola, taza desportillada.

El burdel sin prejuicios,

los bajos fondos tocas, clandestino.

Los antros en Tijuana sí incluyen los fornicios.

El sida, hiel y veneno, es tu destino.

X Opresión

Todos los idealistas

mueren por paroxismo pendenciero:

Hitler, Franco, Biden, Batista

no cesan de parir malos senderos.

Calcular repertorio

de Wagner y su música de fondo,

sin otro velatorio que enorme, mortífero

gas en secreto. Los murmullos a lo hondo.

Estar fuera del mapa.

Guerra relámpago. Persecución armada,

la esclavitud que te ata en plena lucha vana.

Esconder el pellejo es lo que cansa.

Sus ojos testimonian

andanzas por el mundo que ya hostiga.

Miradas no negocian poderes que financian

trastocar la verdad de infame ira.

El alma se silencia

con el morbo sobre las carreteras.

Los cuerpos evidencian torturas sin clemencia.

La verdad es añicos en la arena.

Género: Poesía
Título: Lágrimas en el camino
Autor: Ángel Arturo Garcés
País: Nacido en Cuba en el año 1957

A trabajado en la dirección administrativa en centros de cultura comunitaria. Miembro de talleres literarios. Premio de poesía de la Asociación de Técnicos Agro forestales de Cuba.

Semifinalista del concurso de poesía romántica 2020 (Editorial 3k y colaborador de la Revista Ámalon (México).

Poesías publicadas en antología del VI concurso de erotismo poético Diversidad Literaria (España)

Relatos y poemas publicados en la revista Primera Página (México)

LÁGRIMAS EN EL CAMINO

Se siente el llanto

del camino que te besa los ensangrentados pasos.

Sollozos de nostalgias pariendo sueños.

Rezos de un adiós.

Incertidumbre.

Miedos.

Y la selva te devora las ganas

con sus verdades de muerte tejiendo enredaderas

donde sucumbe la libertad de la mirada.

Espaldas mojadas de lágrimas

sucumbiendo en un abismo de huesos y carnes

con las alas cansadas desde el vuelo del alma

hasta la encrucijada

que te asecha camuflada en este hoy sin mañana.

Y dejas el invierno que te duele

para ser golondrina que se hace al cielo

pintando trazos de nubes blancas

en la ajena ciudad que te atrapa con sus máscaras de luces

y el fatuo resplandor de satánicas danzas.

Llanto de los hijos que perdieron la infancia,

de las madres destinadas al suspiro

en ajenas tierras que profanan la esperanza.

Título: ADCE
Género: Narrativo
Autor: Moisés Martínez Quintana
País: Almedina Ciudad Real, España.

ADCE.

Lo que os cuento no es una historieta, ni algo que pertenezca a una ficción para que lo leas y te olvides. Quiero que quede impreso en tu memoria, para que sepas que está pasando, no hace años, sino hoy, mientras tu degustas un helado o duermes una plácida siesta.

Es tan repetitivo que has terminado acostumbrándote a esas imágenes de horror, poco a poco los rostros se transmutan en tu mente en números y aunque parezca mentira, eres capaz de comer y reír mientras el horror llega a cualquier playa en forma de cadáveres sin nombre.

Tenemos historia, no somos seres sin rostro.

Soy Adce, nací en Camerún, jugaba con mis amigos y disfrutaba de lo poco que me ponía la vida en mi paraíso, siempre con una sonrisa.

No veía los problemas que me rodeaban, mi madre Akem, siempre trabajando y mi padre Anomah muy enfermo desde hacía tiempo, Terminó muriendo de sida hace ya un año, mi madre lo cuidó lo mejor que pudo pero fue horrible, muchas noches de insomnio y de ver con impotencia como se marchaba sin remedio, lo peor de todo, las noticias que nos trae el viejo televisor, donde vemos como en Europa ésta enfermedad es ya tratable y con la que se puede vivir.

Las monjas de la misión que se encuentra casi a dos días de camino hicieron lo que pudieron, pero se lamentaban de que esos fármacos que salen en televisión a ellas no les llega, aunque lo rueguen.

Incluso han viajado al primer mundo varias veces, pero vuelven con las manos casi vacías. Akem, mi madre al final llega a la conclusión que lo cuidaría en casa lo mejor que pudiera.

Tengo tres hermanos, un chico y dos chicas, después de la muerte de mi padre, mi madre está desesperada, no sabe cómo sacarnos adelante, se ve en un callejón sin salida.

Nunca pudo con ello, pero otras vecinas lo han hecho y han prosperado; resignada porque ve que es lo único que nos puede salvar, por medio de una vecina habla con Babila el jefe de la mina.

Sale de allí temblando; a cambio de que mi hermana mayor Eposi y ella se prostituyan en la explotación, llevará a Europa a mi hermano y a mí, todos dicen que en cuanto llegan allí los niños son vestidos y alimentados, además los educan para que sean alguien en la vida.

Llora ante su triste destino, pero nos despide con esperanza. Nos abraza al pie del destartalado camión, tiene la desesperada ilusión de vernos algún día.

El camión cruza fronteras y llega al desierto, casi no se puede aguantar el calor en el mediodía, paran y escogen algunas chicas, después éstas regresan llorando. Los dos hermanos nos abrazamos y esperamos con ilusión nuestro futuro.

Por la mañana amaneciendo paran de nuevo. Otro camión esta junto al nuestro, van subiendo primero a las chicas, después ante mi asombro cierran el portón, los camiones se marchan en sentidos opuestos.

Veinte chicos quedamos solos en mitad de la arena, unos lloran otros comienzan a andar tras las rodadas de uno de los camiones, todos desaparecen sin rumbo acuciados por la desesperación.

Yo me siento dando ánimos a mi hermano Entekele, sé que su vida y la mía dependen de la paciencia y el recuerdo de las enseñanzas de nuestro abuelo que estuvo de joven en este sitio sin horizontes y en las largas noches junto a la fogata nos contaba sus aventuras.

Nunca pensé que esas cosas que escuché en mi confortable puerta de nuestra choza, serian algún día la única y desesperada esperanza para sobrevivir.

Lo primero que me enseñó es que en el desierto solo se puede avanzar de noche, de día te tienes que convertir en piedra bajo alguna sombra para que la temperatura de tu propio cuerpo al moverte no termine matándote.

La suerte quiso que cerca de allí viera unos peñascos que daban una buena sombra.

Allí nos dirigimos y pasé el resto del día consolando a mi hermano en el agujero que excavamos en la arena junto a la más grande de las piedras. Pensaba en las instrucciones de mi abuelo como si tuviese un manual delante.

Me contaba que tras el calor horroroso del día tenía que aprovechar la noche para orientarme, pasó muchas noches con su infinita paciencia enseñándome el camino que realizan algunas estrellas fáciles de identificar para saber regresar a casa desde cualquier lugar.

También me decía que tenía que aprovechar cualquier cosa que contuviese algo de líquido pues solo así se conseguía sobrevivir más de dos días.

Pensaba deprisa, sabía que mi abuelo nunca mentía y por muy raro y duro que me pareciera tenía que aprovechar la noche,

En cuando el calor bajó un poco, me puse a explorar el lugar, junto a mi hermano que no se separaba de mi lado.

Después de andar entre peñascos más de una hora la suerte quiso que diéramos ante la boca de una oscura caverna, nos dirigimos hacia ella sabía que podía ser el refugio de algún animal. La entrada era pequeña por lo que entramos a gatas, el susto fue de muerte, unos ojos de fuego se me echaron encima, me arañó la cara y salió, era un zorro que estaba más asustado que nosotros.

Cuando conseguimos aplacar nuestros desbocados corazones sentimos unos gruñidos en un rincón. Me acerque con sigilo, eran seis zorritos ya medianos que se arrebujaban asustados.

— ¡Entékele ayúdame! No se nos pueden escapar.

Después de una agotadora lucha y tapiar la entrada con piedras conseguimos matarlos a todos menos uno que dejé vivo, tenía mi plan para él, aunque su olor era repugnante bebimos su sangre hasta la última gota, comimos sus hígados con repugnancia, pero evitamos las náuseas tumbándonos y tratando de relajarnos.

Dejé a mi hermano dormido y escalé el peñasco más alto, sabía que nuestra única esperanza era volver a casa, pero pensé rápido, nos fuimos de allí porque allí se desencadenó el infierno, me senté en el suelo desesperado, tenía que escoger el camino contrario tras el camión que nos llevaba a la esperanza. Todas mis ilusiones europeas se encendieron de nuevo en mi mente.

Estudié las estrellas largo rato, ya sabía dónde quedaba el punto de nuestra procedencia, un poco alejado del sur, esto me daría una idea aproximada para ir en el sentido contrario que nos llevaría a la ansiada Europa. De día el sol me lo confirmaría, y luego en la siguiente noche comprobaría los datos al continuar. Sabía que estábamos muy lejos, pero también tenía la seguridad de que, si conseguía salir del infierno de arena, el resto sería ya muy fácil.

Ya era muy tarde para comenzar a andar y la cueva era fresca para pasar el día siguiente. Pasé el resto de la noche hasta que el sol salió, con una linterna que llevaba poniendo en acción otra de las enseñanzas de mi abuelo que él nos contaba qué hacía en el desierto con un candil de carburo.

Dejé la linterna a ras de arena, pronto comenzaron a acudir escorpiones y otros feos bichos parecidos, los mataba con un palo y después de quitarles el aguijón los ponía en mi gorra, cuando el sol comenzó a asomar la zona, mi gorra estaba llena.

Los comimos crudos, tuve que animar a mi hermano que dio alguna arcada que otra, después puse en marcha mi plan, despejé totalmente la entrada y cogí al zorrito vivo, este comenzó a gruñir, su madre no tardó en entrar, mi hermano con un fuerte palo no falló, de nuevo repetimos el repugnante pero necesario ritual. Bebimos la sangre de los dos y nos pusimos a dormir, después de tapiar la puerta, el olor era repugnante pero el sueño nos venció.

Desperté a mi hermano y comenzamos a andar, el sol se estaba poniendo, por lo que sabía exactamente que llevábamos la dirección correcta, en cuanto salieron las estrellas me orienté mejor y andábamos a buen paso.

Ya después de varias horas de caminar llegamos a lo que parecía un camino, junto a un cruce con indicaciones, en un poste de madera, Señalaba con una flecha Argel, en la dirección opuesta Níger, Niamey.

Esta era nuestra dirección pues las estrellas me lo indicaban. Mi hermano comenzó a tiritar por lo que reanudamos la marcha siguiendo el camino, ya casi amaneciendo vi a lo lejos un bulto negro que se distinguía en el horizonte, cuando llegamos a él, vimos que era un viejo camión destartalado con caja de lona, ya inservible.

Este estaba junto a un pozo con un brocal de piedra y un abrevadero de ganado seco y semienterrado en la arena al lado, con lágrimas en los ojos y el corazón a mil, dejé caer el viejo cubo de goma con el fuerte maromo, el agua sonó con el impacto, esto fue música celestial para nosotros. Vivimos hasta hartarnos, nos abrazamos sin poder creerlo todavía.

Ayudé a subir a la caja del camión a mi hermano que estaba helado como yo. La noche del desierto, aunque parezca raro es muy fría y había pasado factura en nuestro ánimo. Arropé a Entekele, con una corroída manta que encontré en la cabina, y me puse a buscar entre los muchos cachivaches que había en la caja del viejo camión.

Pronto encontré varias latas de plástico, que por como olían, habían contenido combustible. Ya el sol estaba fuera cuando me puse a lavarlas lo mejor que pude sacando agua del pozo, teníamos que llevar el mayor peso posible, no sabía lo que quedaba de aquel infierno.

En la caja comenzaba a hacer mucho calor, por lo que decidí pasar el día bajo el chasis, escarbé la arena y descendimos llevando una lata de agua. El calor fue terrible, pero el agua nos aliviaba, además teníamos la que necesitábamos.

—Adce, deberíamos esperar aquí a que llegue alguien, estoy muy cansado.

— Entekele, no veo señales de ganado, quizás haga meses o años que nadie se llegue por aquí, tampoco veo huellas cerca del pozo, quizás sea una ruta antigua que se use poco, si nos quedamos y nos equivocamos ya debilitados no podremos seguir.

De todas formas, mientras el camino no se desvíe mucho de nuestro rumbo lo seguiremos, así si pasa alguien quizás nos ayude, aunque con lo que nos ha pasado no sé yo si fiarme mucho.

En cuanto se hizo de noche, de nuevo hice la trampa para bichos y no tardamos en estar comiendo escorpiones y un lagarto de largas patas que nos hizo dar una larga carrera por la arena tras él.

No es que fuera mucho, pero lo suficiente para recobrar el ánimo y comenzar a andar con unos toscos chalecos de lona y un buen trozo que yo llevaba enrollado a la espalda por si no encontramos refugio el día siguiente, di un beso al destartalado camión, fue nuestra salvación, nos dio refugio, abrigo y las cuatro latas de agua de cinco litros que llevábamos cada uno, dos en las manos y otras dos colgadas de la espalda.

Calculé que llevar más sería demasiado peso. Aun así, descansábamos cada rato dejando el agua en el suelo y sentándonos en el camino.

A veces veíamos unos brillantes ojos en la lejanía, pero desaparecían rápidamente. Llegamos a un valle entre montes, estaba lleno de cardos secos que nos arañaban los brazos por ser muy altos, pero fue un gran descubrimiento, estaban llenos de grandes saltamontes, comenzamos a cazarlos y comerlos, así estuvimos varias horas.

Llenamos nuestros estómagos, a estas alturas estaban hasta sabrosos, incluso hicimos acopio para el descanso del día. Cuando salió el sol, las langostas levantaron el vuelo cubriendo con su número su luz, fue una visión impresionante.

Preparamos un refugio con la lona en la falda de una de las laderas entre peñascos y nos tumbamos a dejar que el calor asfixiante pasara.

Entonces, Entekele comenzó a quejarse llevándose la mano al lado derecho de la tripa, bromeamos pensando que sería el hartazón de saltamontes y reímos los dos, pero las risas cesaron cuando comenzó a aullar de dolor y a ponerse muy rojo casi azul, entonces un recuerdo terrorífico paso por mi mente.

Recordé en el poblado algunos casos en el que la gente moría con este dolor, hasta le decían: "El dolor que te arrima a la tumba". Le mojaba la frente y le hacía beber a sorbitos, tenía mucha fiebre y deliraba, estuvo así todo el día y la noche siguiente, a la madrugada dio varios estertores y dejó de respirar.

Le abracé hasta el mediodía llorando, me sentía desesperado, estuve a punto de tirar la toalla y quedarme con él para siempre, pero cuando comenzó a oscurecer, soñé que mi madre me llamaba y me sonreía.

Le cubrí con piedras y puse sus latas de agua en la cabecera, rellené las mías y llorando reanudé el camino, era un autómata, andar, descansar, cazar bichos y beber, caminar y caminar, guiado por las estrellas, abandoné el camino que se desviaba rotando hacia el norte y seguí la ruta que me indicaban mis amigas las estrellas.

Solo me quedaba media lata de agua y las sandalias destrozadas cuando el paisaje cambió poco a poco, la vegetación se hizo más densa y los animales se veían aquí y allá, pero no podía detenerme, estaba ya demasiado destrozado para intentar cazarlos, seguía comiendo bichos que sacaba bajo las piedras pues las pilas de mi linterna se agotaron hacía tiempo.

Perdí la noción de los días, solo era un zombi que caminaba ya sin poder hacerlo. Hacía dos días que crucé la frontera de Marruecos, pero yo no lo sabía.

Una madrugada ya sin fuerzas llegué a un poblado de chozas y casas con techo de lata, los perros me rodearon y todo en torno a mí se tornó negro. Desperté después de varios días en un pequeño hospital con el sonriente rostro de una monja frente a mí.

Se llamaba María y era española, ducha en idiomas por su ya amplia experiencia en misiones, entre el poco inglés que yo sabía y el conocimiento de ella en mi idioma local nos entendimos, poco a poco, con su paciencia y confianza se lo conté todo.

—Sabrás que es muy difícil cruzar el estrecho.

—Me lo han contado, muchos lo hacen en pequeños barcos y otros aprovechan los camiones colándose en sus bajos.

—Ya has pasado muchas penalidades para que yo consienta que mueras como un esclavo en ese cementerio que es el estrecho, déjame unos días mientras te den el alta y te ayudaré.

Sé que le costó mucho convencer a uno de los conductores de camión que proveían a la misión y al hospital, pero su agrado y bondad derribaba barreras, el día que me dieron el alta me presentó a Carlos el conductor que me llevaría a España escondido en su cabina.

—Quiero que quede claro desde el principio que lo hago por María a la que no puedo negar nada, debes saber que me juego mucho si me cogen, por lo que harás en todo momento lo que te indique.

María me lo traducía a la vez que me arengaba a ser el ser que ella había descubierto mirando dentro de mí. Después de darme algo de ropa y un hatillo de comida para los dos para el camino, me dio un abrazo en el que los dos lloramos e hicimos llorar a un hombre rudo y curtido en mil batallas como Carlos. Me preparó un buen escondite en la parte posterior de la cabina entre mantas y nos dirigimos a la frontera.

— ¡Ni respires Adce! Este será el peor momento vamos a pasar el puesto de control.

El corazón parecía que se me saldría del pecho, los minutos se alargaban como si fuesen horas, pero yo me decía a mí mismo que era el hombre más dichoso del mundo por conocer a María, su rostro lo llevaría ya clavado a fuego en mi alma para siempre, su sonrisa me daba fuerzas, creo de corazón que a pesar de ser monja cosa que no entendía muy bien en una mujer tan bella, yo en el poco tiempo que conviví con ella me he enamorado hasta la medula.

Escuchaba ruidos muy raros, pero yo ni me movía a pesar de notar medio cuerpo dormido, entonces Carlos destapó la manta con una gran sonrisa, estábamos en mitad del estrecho sobre un gran barco de transporte. Me invitó a salir un rato a su lado, descorrió las cortinas para que nadie nos viera.

Me abrazó y me dio de comer.

—Nos queda otra prueba cuando lleguemos al otro lado en Algeciras si pasamos la última frontera después todo será ya más fácil.

A una señal suya volví a esconderme como el más escurridizo de los conejos bajo las mantas y de nuevo solo ruidos que no conocía llegaban a mis oídos, los minutos de nuevo se hicieron eternos, solo respiré cuando con la voz muy alegre me dijo Carlos que volviese a salir.

Ya estábamos en España y una ancha carretera de dos carriles en cada sentido se habría ante mis atónitos ojos de ver algo tan grande.

—La hermana María a la que me consta que tú quieres tanto como yo me pidió que te cuidase, por lo que tengo que preguntarte si quieres venir conmigo a mi Pueblo que se llama Valdepeñas.

Le Conté que yo solo había oído hablar de Madrid y de Alemania a lo que sonrió, para entonces a pesar de las dificultades entre el tosco ingles de los dos lo poco que yo conocía de los días de hospital de Castellano y el idioma universal de los signos lográbamos entendernos, si no lo conseguíamos a la primera lo intentábamos hasta que nos quedaba claro, eso dio lugar durante el viaje a muchas risas y bromas.

Fue tan bueno conmigo que incluso en una parada de la Nacional hizo que pasara a un bar que tenía duchas para que me asease y me cambiase de ropa, para mí fue un placer impagable.

Paramos varias veces tanto a repostar como a descansar en apeadero porque me explicó que solo podía conducir un número de horas sin caer en una buena multa.

También me habló de Madrid, me explico cómo era la capital hablándome de lo grande que era y de sus muchos atractivos, pero yo a estas alturas sabía que mi futuro por lo menos en los principios me iría bien al lado del que ya consideraba como mi padre Carlos, bromeando me dijo que si se desviaba de su ruta y me llevaba; mi respuesta fue darle un gran abrazo lo que hizo que se le saltaran las lágrimas.

Tuve tiempo en este largo viaje de contarle en detalle la aventura de mi hermano y yo por el desierto y eso afectó mucho a su noble corazón pues lloraba a cada rato.

—Perdóname Adce, de mis paisanos dicen que somos toscos, pero tenemos el corazón demasiado sensible.

Yo no entendía muy bien lo que me quiso decir, pero por su tono le volví a dar un abrazo que me surgió de lo más profundo de mi agradecida alma.

—Ya estamos llegando a casa.

En un puesto de helados compró helados para los dos y nos sentamos en silencio en un banco, después comimos en la terraza de un bar charlando y disfrutando de nuestra compañía como dos buenos amigos que sin duda éramos ya.

Subimos al camión y llegamos a una zona de grandes naves, me dijo que se llamaba polígono industrial, me dejó en un pequeño bar pidiéndome que no me moviese de allí pues tenía que dejar el camión en su empresa.

De nuevo el rato que pase solo en aquella mesa se me hizo eterno pues todos me miraban, menos mal que apareció Carlos y me acompañó a su coche, desde allí me llevó a su casa.

Subimos a su bonita casa, su mujer Marisa y su hijo Juan lo abrazaron primero a él y luego a mí, ya sabían de mi llegada porque durante el viaje los llamaba a menudo con el móvil.

Me llevaron los tres a una bonita habitación que habían preparado con esmero para mí, si bueno era Carlos, Marisa era un ángel fue la mejor semana de mi vida, para ellos era uno más de mi familia y me lo hacían sentir.

-Adce, estamos muy felices de que te integres tan bien, pero yo tengo que volver al camión, me has contado que te gusta el mundillo de la mecánica y como tengo un amigo que tiene un taller en el polígono mañana te presentaré para que comiences a trabajar.

Sé lo gran persona que eres y pienso que no te costará adaptarte, además un vecino de la planta baja es profesor en la escuela de adultos donde podrás asistir por la tarde después del trabajo.

Al principio ganaras poco, pero aquí tienes tu casa para el tiempo que necesites, luego ya te independizarás.

Su hijo Juan nos hizo un montón de fotos para que Carlos las llevara a nuestra querida María de vuelta.

....

Han pasado los años, estoy casado con una bella pelirroja que se llama Pilar, tenemos una bonita hija, María, con un color precioso de piel y trabajo en el mismo taller ya de oficial con un buen sueldo. He aprobado el graduado escolar y estoy pensando comenzar a estudiar en la UNED, quizás algún día sea un ingeniero que pueda ayudar a los que quedaron detrás en mi país.

Estoy muy enamorado de mi mujer, pero nunca se lo negué, desde el principio sabe que tiene que compartir mi corazón con María, nos ha visitado varias veces y cada vez que llega, para ella y para todos nosotros se para el tiempo.

Ha sido todo muy duro, pero el final mereció la pena, algún día buscaré los huesos de mi hermano y espero abrazar a mi madre y mis hermanas, pero eso os lo contaré otro día.

Barlovento.

Título: Legalización en el Chapadream
Género: periodístico
Autor: Eduardo Carrillo Vázquez y Luis Gutiérrez (México)
Texto por Eduardo Carrillo Vázquez
Fotografías de Luis Gutiérrez

LEGALIZACIÓN DEL CHAPADREAM: ASILO HUMANITARIO

Tijuana, Baja California, México. Garita El Chaparral. Mayo 2021. Un campamento con tiendas de campaña sobre el concreto, niños detrás del balón, sanitarios portátiles de limpieza insuficiente y una tensión xenófoba a punto de estallar son la puesta en escena. Más de seis personajes en busca de un autor. Los medios por entonces reportaban 2 mil personas, el mes siguiente hablaban de mil más y ahora Jesús Alejandro Ruiz Uribe, delegado único federal en Baja California, señala que ya existe un plan de desalojo para que las autoridades retiren a los solicitantes de asilo humanitario del lugar (hablan de albergue, de trabajo, de DIALOGAR).

Por mi parte supe que al Chaparral no volvería jamás. Ni, aunque hubiera extraviado algo. ¿Tan lejos de quién, tan cerca de qué Don Porfirio? Los rostros de los migrantes en el lugar decían dame, quiero y ¡no te metas! Pero regresamos al menos tres veces más a encarar la incertidumbre del sueño americano en la vigilia de aquellas mujeres michoacanas y centroamericanas a cargo de la guardia nocturna, en las filas con colados para alimentarse y recibir vituallas para el fin del mundo y en la frustración de psicólocos y abogados rodeados por la desesperanza de cientos de personas gritando sálvame o corolarios similares.

Dulce García, Border Angels y la asesoría legal

Son filas muy largas en jueves y sábado las que hay que respetar para solicitar el asilo humanitario. Dulce García e Ian Seruelo (legista voluntario de American Pacific Labor Alliance) los únicos abogados revisando el caso migratorio de los solicitantes previa consulta con Psicólogos sin Fronteras.

El campamento surgió por desinformación. Sigue cojeando por el mismo motivo mientras el Título 42, estatuto estadounidense encargado del bienestar y la salud pública, continua de pierna cruzada y deportando gente: 618 mil desde marzo del 2020 a abril de 2021.

La entrevista con los psicólogos es para que el solicitante se descargue emocionalmente: "en realidad todas esas personas aquí corren peligro, por ser migrantes en un lugar en donde son victimizados de nuevo... algunos vienen huyendo por violencia incluso de su propio gobierno", recalca Dulce García, abogada indocumentada beneficiaria del programa DACA.

Por su situación migratoria regresó en mayo a California. Pero los andamios cimentados con las asociaciones involucradas continuarán solicitando asilo humanitario mediante un sistema de asesorías con más abogados para seguir los casos desde el lado americano, con ayuda de las instalaciones facilitadas por Border Line Crisis Center y la asistencia de las cinco oenegés colaborando en conjunto (American Friend Service Committee completa el quinquenio).

De acuerdo al sitio EFE NEWS, hasta el momento del regreso de la directora de Border Angels a California, 125 peticiones de asilo humanitario fueron aprobadas por la ACLU en San Diego y la CBP (Oficina de Aduana y Protección Fronteriza).

De reporteros no quiero saber nada

El 23 de abril pasado, luego de más de dos meses en el campamento alrededor de un centenar de migrantes (infantes incluidos) se manifestaron en los carriles peatonales de la garita de San Ysidro para urgir una respuesta al gobierno americano. La mayoría eran mexicanos de Michoacán o Guerrero (también centroamericanos presentes), gente huyendo de la apropiación y saqueo de tierras a manos de la delincuencia armada en esos estados.

Se postraron casi 24 horas en el lugar hasta que los comerciantes de la línea se les echaron encima. Muralla antimotines de la CBP en todo momento. TV azteca reportó un vídeo con diretes solamente, nada de las agresiones a madres de familia y sus chamacos, la Chiripiorca policíaca durante la agresión o el estrangulamiento a Katie Mc Tiernan, reportera gabacha que se metió a proteger a los menores.

Esa era nuestra nota, o al menos eso fuimos a cubrir. Pero como fuimos rechazados en publicaciones locales, volvimos a que la gente hiciera más preguntas de las que contestaban. Nosotros repetíamos el credo del asilo humanitario al recopilar los testimonios: fila con los

psicólogos, fila con los abogados, no aplica para solicitantes en espera del programa MPP, de momento es la única vía, hagan fila.

Pero el campamento, a la intemperie y sin estrella, desorientado precisamente por el choque cultural entre nacionalidades y a merced de los esperpentos que pernoctan la frontera (el peligro del secuestro, violación o reclutamiento para actividades delictivas de las que vienen huyendo) es más de lo que muchos pueden soportar.

El 27 de abril algunos buses movilizaron a por lo menos 300 migrantes a la central camionera para después partir a Mexicali. Todo debido al rumor de una posible pasada por la capital del estado. Sólo Telemundo reportó la noticia, pero nadie más habló del tema*. A nosotros una mujer nos preguntó por su esposo a más de una semana de dicha movilización.

El día del niño Border Angels y compañía llevaron brincolines, comida, dulces y cubrebocas en algo que alcanzaba a ser celebración a pesar de la dicotomía destilando entre adultos recidivos y la felicidad en los rostros de los más pequeños.

En mayo, Al Otro Lado, asociación no gubernamental gabacha trabajando en el asilo humanitario de los migrantes del Chaparral, logró el permiso para un par de las tres centroamericanas que improvisaron la escuelita en el campamento que terminó cerrando por la tensión de las diferencias culturales entre nacionales y extranjeros*.

"A Honduras, por mi niño y mi esposa, ya no podemos regresar. Vamos a ver qué dicen los abogados, pero si no podemos cruzar nos quedamos a trabajar", nos contaba por otra parte Bredi Lainez, que ya había laburado informalmente en la construcción en la ciudad, pero regresó al campamento con su esposa e hijo en busca del asilo humanitario que finalmente consiguió a través de Dulce García al iniciarse el pasado junio.

De reporteros no quiero saber nada, comenzaron a responder poco a poco los más desesperados... Y es que en las últimas semanas los baños portátiles fueron retirados y algunos migrantes reubicados en el mismo campamento para liberar estacionamientos del SAT e ir preparando motores para la reapertura de la frontera.

Por su parte, Karla Ruíz, alcaldesa de Tijuana, indicó que solicitaría presupuesto al gobierno federal para lidiar con la situación del campamento y las humillantes condiciones en las que viven. Aunque será la administración entrante (1 oct, 2021) quien padecerá la solución.

Sobre la inseguridad ni ella ni la fiscalía son claros mientras el "hacinamiento" en busca del sueño americano padece la vigilia que provoca el alojamiento migrante ubicado en el Chaparral.

Autor: Antonio Ramírez Córdoba

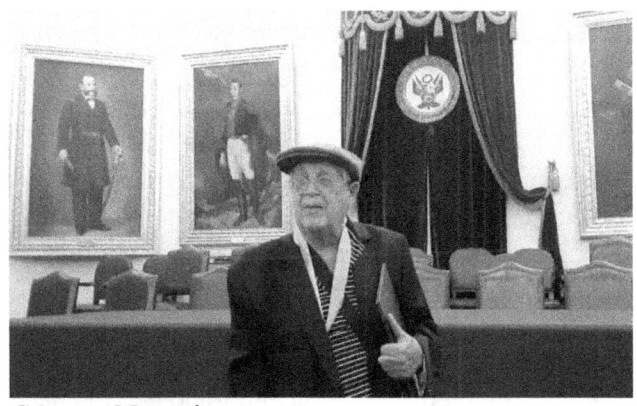

Género: Narrativo
País: Puerto Rico
Título: La suerte de la migrante caribeña.

Don Antonio Ramírez Córdoba visitó nuestra Benemérita Sociedad Fundadores de la Independencia, iniciando el 2022, donde se le otorgó la Distinción Honoris Causa por ser uno de los más destacados finalistas del concurso Notas migratorias César Vallejo 2021.

De caminar pausado, Don Antonio recorrió los pasillos y salones de la Benemérita, acompañado del Crnel. Giovanni Rocca Benavente, quién en su calidad de anfitrión, se encargó de recrearnos pasajes de la historia fratricida de los peruanos que pelearon por la independencia y formación de la República.

Nuestra Fundación Universidad Hispana le rindió un homenaje solemne a uno de los más importantes poetas puertorriqueños del siglo XX.

La suerte de la migrante caribeña©

"Hay ganas de volver, de amar, de no ausentarse" (César Vallejo)

Antonio Ramírez Córdova (Puerto Rico)

Una forastera con asombroso dominio de su lengua vernácula, le habló sobre la patria libre a un conjunto de piedras apiladas en un rincón de la plaza de recreo de un pueblo cualquiera. Tal acción acaparó la curiosidad de muchos transeúntes que conmovidos se arremolinaron para observar, pues era irreal aquel extraño suceso.

Decían las lenguas arpías que aquella mujer había emigrado en yola desde una isla caribeña, sin documentos, como tantos otros que arriesgan el pellejo para probar el sabor de alguna buena oportunidad y fortuna. Lamentablemente, seguía huérfana de ambas y ahogándose en el abismo de la frustración y la miseria. Soportó agravios a cambio de comida, pero jamás cedió a las proposiciones deshonestas, de muchos seres inescrupulosos, que constantemente la asediaban, cuando el sol desaparece y las estrellas comienzan a saltar de un lado a otro del firmamento.

Varios de los reunidos, con nimio interés, clavaron sus respectivas miradas de buitre en los abultados labios estallantes de la apasionada oradora, de piel bruna, curvilíneo y maduro cuerpo, sonrisa afable y exótico acento.

Al pronunciar su última, palabra, con el semblante tristísimo, se sentó en el herrumbroso banco de la plaza. Entonces a varios de los presentes, que en su vida lo que único que sabían hacer bien era parasitar, le dio con vejarla con palabras soeces e injurias así como también a gritarle: loca, bruja, indocumentada, vividora y hasta amenazarla con los puños y piedras.

Mientras de la nada, una turba de fanáticos, apareció en fila india por una cuerda aledaña a la glorieta. En tanto ella se puso rápidamente de pie, con el rostro sorprendido y presagiando ya a lo que vendrían. Iban seguramente a destrozarle sus espejuelos y tal vez la cara.

De repente, sintió mucho miedo y que los ojos se le iban llenando de lágrimas y sombras. Asimismo que un hilo de sangre rodaba por su sorprendida cara. Tal vez perdería la vida, a la vista de todos, en manos de ignorantes, intolerantes y xenofóbicos bajo el brillo amarillento y opaco de una vieja farola, también hecha añicos.

Entonces comprendió que sólo un milagro la salvaría de una muerte viciosa y prematura. O que tal vez, por causas del karma, su suerte estaba echada por voluntad del universo. En eso comenzó a elevar sus brazos en forma de cruz musitando una plegaria al cielo, mientras nadie dijo nada o se atrevió a salir en su defensa. La suerte de la migrante caribeña quedó suspendida cual moneda al viento...

A CÉSAR VALLEJO ©

Antonio Ramírez Córdova

Entre las dos orillas

fuiste un río volcado de luz

en sombras,

cuando tocaste cruces

entre las multitudes.

Tus versos fueron

más fuertes que un abismo.

Tu perfecta poesía

tomó en la distancia

la forma de un dios perfecto

de la palabra.

Autor: Luis Manuel Marcano Salazar
Género: Poesía
Título: El suplicio y la nada
País de residencia: Chile.
País de origen: Venezuela.

Escritor Venezolano, nace en Caracas, cursa estudios en los Colegios Santiago de León de Caracas y Emil Friedman. Egresa de la Academia Militar Lyman Ward de Alabama EEUU (JROTC). Es Abogado, Licenciado en Historia por la Universidad Central de Venezuela, Licenciado en Educación por la Universidad Católica Andrés Bello de Caracas, Licenciado en Comunicación Social por la Universidad Católica Santa Rosa, Especialista en Relaciones Internacionales y Globales por la Universidad Central de Venezuela, Especialista en Derecho Procesal Civil, egresado con honores de la Maestría en Ciencia Política de la Universidad Simón Bolívar de Caracas (politólogo) Doctor en Derecho y Doctor en Relaciones Internacionales de P.U de Estados Unidos Wyoming, profesor Universitario en la Universidad Católica Andrés Bello y Doctor en Historia por la Universidad Católica Andrés Bello (Suma Cum Laude), Doctor en Educación (ULAC) y Especialista en Derecho Penal Internacional, Doctor en Ciencias, mención Derecho por la UCV, Intérprete Público certificado por el Ministerio de Justicia de Venezuela, autor de más de 25 obras en Derecho, Ciencias Políticas y Relaciones internacionales, Diplomático de Carrera, primer lugar en el concurso de oposición. Es autor de 4 novelas participantes del Premio Internacional de Literatura Rómulo Gallegos Actualmente, Magistrado de la Sala Constitucional del Tribunal Supremo de Justicia de Venezuela designado y juramentado por la Asamblea Nacional de Venezuela el 21 de Julio de 2017. Asilado en la Embajada de Chile desde el 5 de agosto de 2017.Exiliado en la República de Chile desde el 20 de Octubre de 2017. Docente-Investigador de la Universidad San Sebastian, Santiago de Chile. Facultad de Derecho y Gobierno (2018 2019)

EL SUPLICIO Y LA NADA
(Compendio)

Versos de tiempo y olvido

"...cuéntanos diosa, esas aventuras, comenzando por donde quieras..."
(Homero, La Odisea).

Las palabras abren puertas sobre el mar (Rafael Alberti)

Para Mary Teresa, que tanto te gustaba mi poesía desde niño.
A Venezuela, tan lejana, tan próxima, tan amada.

TIEMPO

I

Te vas desdibujando, cuando pasan los días,
te veo sonreída con los ojos cerrados,
entre una algarabía del tiempo y del pasado,
te vas desdibujando, como yo te quería.

II

Te vas haciendo olvido, cuando más te recuerdo,
tu silueta en la bruma de la melancolía,
se aparece en mi llanto, entre risa y sollozo,
del cristal y la espuma, del rubor y el encanto.

III

Te vas haciendo eterna, mientras pasan las noches,
silente en mi silencio, bulloso mi consuelo,
te conviertes en prosa, cuando pasa el recuerdo,
de tu risa y el gozo, del amor que es eterno.

El LLANTO

I

Quiero romper en llanto al recordarte,
soñar que tu silueta cubre toda mi vida,
que tus noches oscuras, son las mías,
y soy un maremoto que te invade.

II

Te veo en la distancia, eterna letanía,
azul y espuma, bañan tus mejillas,
oro y perlas, collar que son despojo,
agua de mar que salen por mis ojos.

III

Quiero tocar tus venas y tragarme tu entorno,
has abierto tu vida, a un concierto de voces,
tus hijos maltratados trepidan por los montes,
amamantando heridas, con su piel infinita escarnecida.

IV

Sacúdete el tropel, amada mía, déjame curarte tus heridas,
nieve y besos, paz y selva, llano y risas, mi retorno,
página ciega, canción de cuna, albor errante, eterna despedida,
lloraré en tu regazo, cuando vuelva a besarte.

VENEZUELA

I

Déjame arrancar tu imagen de mis ojos,
de injusticia y de celos, barrotes del enojo,
golpes que recuerdan mi congoja, y esa piel abierta, mi coraje,
déjame protestar por lo que muero.

II

Grito furioso, de amarillo y de gozo,
de azul, el cielo abierto ante mi llanto eterno,

el rojo de mis penas, que se vierte en tus venas,
crinolinas y faldas que venían de lejos.

III

Azul que viste furia, cruz gamada de rencores,
azul que fuiste hogar, entre el mar, las selvas y las flores,
amor, danzas y pasiones, puertos, lejanos y tuyos,
apellidos foráneos, que formaron capullos.

IV

Quiero romper con ira tus cadenas,
que sea libre tu estirpe, entre viento y arena,
de justicia y de pena, de sanción y condena,
gritamos todos juntos, mi libre Venezuela.

LA PARTIDA

I

Tengo bruma en los ojos que se consume el llanto,
tu lejana sonrisa se dibuja en mis labios,
amor que quiere más que un simple abrazo,
un adiós infinito, como triste resabio.

II

Amo el sol que te cubre y el mar que es mi consuelo,
piel de arena, que nutre mi desvelo,
bosques extendidos, ríos como brazos,
y en el centro del llano, amarillos de encanto.

III

Beso tu cielo y tu tierra lejana, sagrada tu cintura de Guayana,
hombros acostados en el fiero Caribe,
pies que vistes de amazonas, ojos que alumbras las mañanas,
beso tu piel de glaucos y matices.

IV

Tengo bruma en el alma y el rubor de mis ojos,
maravilloso tiempo, que contiene mi aliento,

dibujo mi camino, en tu destino,
con los brazos al cielo, con tus ojos abiertos.

EL SUPLICIO Y LA NADA

I

En un espacio eterno, entre el sueño y las penas,
tus labios y mis ojos buscaron mi condena,
suplicio del vacío, tus manos mis cadenas,
la nada de tu olvido, como espuma en la arena,
¡que duro es el olvido cuando te siento cerca!
Que fácil el rechazo, cuando no estás conmigo.

II

Quisiera poseer todas las estrellas que veías,
todos los suspiros que por amor nacían,
tus besos encerrados entre mis latidos,
brazos como barrotes de silencio,
pechos, como pulmones de lamentos,
labios como prisiones del olvido.

III

Me ataja la tristeza cuando todo se ha ido,
es un crucigrama de lamentos, entre tus lágrimas y mis gemidos,
no encuentro la paz que el llanto deja,
¿llorar me aleja de mis penas?
si no siento tu aliento, nada vive,
Está en mi corazón, tu cementerio.
Así es el fin.

EPÍLOGO I

VALLEJOPATÍA

JCR

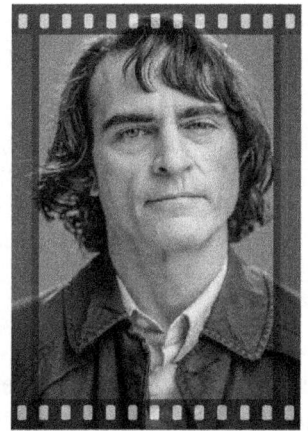

Me piden que explique el por qué relacionar a Arthur Fleck con el poeta de Los Heraldos Negros. He aquí algunas reflexiones y fijaciones en voz alta al respecto. Para ello qué mejor que introducirnos al tema citando al escritor y periodista británico G. K. Cherteston, quien solía decir que las herejías son «verdades que se han vuelto locas». Y esto es lo que nos refleja el mundo a manos llenas: viejas verdades cristianas trastocadas por dogmas inconmovibles de la modernidad. Así renace el buen salvaje de Rousseau, con el tema central de la película en la que Arthur pretende ser bueno pero la sociedad lo tortura y transforma en un monstruo. Joker pasa del cartoon que conocíamos cuando niños como supervillano, a ser víctima de una sociedad enferma.

El mundo civilizado en el que vivimos ha decidido que determinar la culpabilidad o la inocencia de los hombres es cosa demasiado importante para confiarla a peritos en la materia. De tal suerte que decide confiar en hombres que no sepan de derecho, es decir, para descubrir el espacio y sistema solar confiamos en sabios, mientras que, para descubrir y salvaguardar la complejidad del ser humano, la salud mental y su sociabilización, confiamos en hombres balurdos, amorales, antiéticos e inhumanos.

Debo confesar en un primer momento que esta relación "Vallejópata" comenzó mucho antes que Todd Phillips siquiera tuviera en mente realizar esta alucinante película y mucho antes aún que Joaquin Phoenix se interesara en interpretar este tipo de personajes. Y nació una tarde en la que atravesaba el valle sagrado de los Incas, Urubamba, allá en nuestro

Cuzco imperial. Iba camino a Aguas Calientes para agarrar el tren que me conduciría a conocer la impresionante ciudadela de Macchu Picchu. Iba acompañado de las excentricidades de un primo de origen cuzqueño, pero con raíces japonesas llamado "Masahiko", quien carecía de la malicia de los hombres de la ciudad cada vez que solía visitarnos en la inmensidad limeña. Por las calles nocturnas de la ciudad señorial se pasean algunas "damas caballeros", tan bien acicaladas y con provocativos bikinis que muchos varones principalmente pasados de copas terminan lanzándoles uno que otro atrevido piropo y dingolondango. Así acontecía con Masahiko, que, pese a no beber, por su inocencia pueblerina casi siempre volvía enamorado:

- *Pupupucha primo, están buenotas. Una de ellas me ha mimi mirado con unos ojazos y me ha pedido mi teléfono con una voz de tete tenor que casi me caigo de espaldas primo. Soy capaz de queque quedarme unos días más. Pero ya será para mi próximo viaje, ya tete, tengo mis pasajes comprados.*

Parte de este párrafo era un poco ininteligible para mis oídos, pues Masahiko sufría de una ligera disfemia, trastorno de la comunicación que se caracteriza por interrupciones involuntarias del habla que se acompañan de tensión muscular en cara y cuello. La misma que se acrecentaba en momentos de mayor preocupación, miedo o estrés.

Un buen día me contó la razón de su retorno al Perú después de muchos años de haber radicado en la tierra del sol naciente, Japón. Había subido al tren bala Shinkansen para retornar a su hogar tras un agobiante día laboral allá en Tokio. La mirada de Masahiko por naturaleza es una mirada extraviada, perdida, de fábrica. Muchas veces conversaba con él y daba la impresión que no me prestaba atención pues sus ojos apuntaban en otras direcciones. De pronto, una mujer que andaba en minifalda sentada frente a él en el vagón del tren japonés comenzó a gritar acusándolo de estar siendo acosada por los ojos perdidos, libidinosos de Masahiko que supuestamente se fijaban en sus piernas. La alarma se encendió, detuvieron a Masahiko. Se agravó el asunto al detectarlo nikkei. El término Nikkei 日系], apócope de nikkeijin, designa a los emigrantes japoneses y sus descendientes. Y Masahiko era un caso peruano, donde se les conoce como comunidad nikkei a la formada por los inmigrantes nacidos en Japón y sus descendientes nacidos en el Perú.

Tras este lamentable sucedo descubrí que, en el Japón -país del primer mundo-, las leyes andan detenidas en el siglo XV, en lo que atañe al trato a los sospechosos siguen basándose en gran medida en obtener declaraciones mediante tortura y malos tratos. Aunque Masahiko decidió no dar mayores detalles de lo que ocurrió tras su detención y posterior deportación al Perú, su evidente disfemia nos hace suponer lo peor. Pudo haber sido maltratado y quizás estuvo a punto de ser condenado a muerte, como aconteció con Iwao Hakamada, quien tras ser acusado de provocar un incendio, robo y asesinato de los miembros de una familia que regentaba la fábrica en la que trabajaba, soportó 23 días de interrogatorios de hasta 16 horas diarias, siendo duramente golpeado y amenazado, sin permitirle prácticamente dormir, comer, beber o ir al baño. Cayendo rendido un 6 de septiembre de 1966, firmando una declaración en la que se inculpaba del asesinato múltiple, del robo y del incendio. Hace poco, 46 años después salió en libertad condicional. Si el estado japonés de verdad defendiera lo que el movimiento olímpico predica, hubiera sido posible ver a Iwao encabezando a la selección olímpica japonesa en el desfile inaugural de los Juegos Olímpicos de Tokio, que encabezando la lista mundial de las personas que más tiempo han pasado en prisión esperando ser ejecutadas por un crimen que muy probablemente nunca cometió.

Masahiko poco habla de aquello. Sólo atina a responder, cuando uno le infiere si ha pensado en retornar al Japón:

- *No primo, no hay nada mejor que nuestro Urubamba. Yo soy fefe feliz haciendo taxi por aquí.*

Y no exageraba en describir su felicidad, parecía que la tocaba con su sonrisa aquella tarde que de un momento a otro decidió detener el auto que nos llevaba a Macchu Picchu, frente a la casa de una de sus adorables amigas. Primo, me dijo, te voy a presentar a una adorable amiga que ha sido mi novia. Y mientras me la presentaba, aquel rededor que adornaba la casa de campo, lucía unas obras artísticas que parecían no pertenecer a aquel humilde lugar. Pregunté por ellas y la ex novia de Masahiko dijo que su hijo era el autor de todo aquello. Pedí que me permitiera conversar con él y de pronto descendió por unas escaleras artesanales que conducían a un altillo donde presumiblemente dormía la siesta. Era un joven aún que aparentaba madurez a través de su pequeña barba y luego, tras la plática, a través de sus sabios raciocinios. Su nombre, Jesús Dorado (JD).

JD: Veo el mundo triste, no exactamente tal vez triste sino un poco más confusa. Estamos en una época en que las culturas están chocando tremendamente y no llegamos a ubicarnos.

JCR: El mayor choque que sientes como artista ¿cuál es?

JD: La influencia, sobre todo en el arte del cuzco, porque estoy ubicado acá, la cultura indígena, la cultura inca en referencia a la cultura occidental, una colisión, por un momento atropellándose una con otra, como una lucha constante, pero creo que como todo en la historia se va coagulando con el tiempo, y en esta época creo que la cultura está un poco convergente en general. Por ejemplo, si usted ve, hay cultura china, diferentes tipos de cultura, pero realmente no las entendemos, simplemente las asimilamos de golpe.

JCR: Para entender la cultura inca, como artista, que crees que se debe respetar al máximo.

JD: Lo malo de acá del peruano es que solemos darle mucho misticismo. El misticismo está bien, pero también hay que ver la parte real, la parte de cómo está el ande hoy en día. Muchas personas dicen yo provengo de la gente de los andes, yo provengo de tal sitio, mi sangre es inca y todo eso pero en realidad es un poco irreal todavía. Tenemos una concepción muy primitiva digamos de lo que era la cultura inca, no llegamos a entender.

JCR: Una concepción más alturada ¿cuál debería ser?

JD: Creo que falta demasiado estudio. Usted sabe no, durante la colonia se ha destruido lo que era el gran pensamiento inca. Hay un escritor, no sé si podría llamarse filósofo, pero habla sobre el Qhapac Ñan, sobre la simbología andina sin tanta influencia occidental. Si usted lee Inca Garcilaso, tiene bastante de influencia occidental. La cultura andina es mucho más tal vez compleja, mucho más difícil de comprender, incluso por la ausencia de elementos que puedan darnos a entender eso. No hay una originalidad.

JCR: ¿Con quién te quedas? por ejemplo, que nos pueda dar un mensaje inentendible pero que crees tú que ahí es donde hay que buscar.

JD: Huamán Poma de Ayala trata de hacer una investigación un poco más sincera, sin mucha mitología, trata de explicar digamos el gobierno en general, como seres humanos, no como algo que fuera extraordinario del todo, porque en todas las culturas somos seres humanos después de todo. Hoy en día tratamos de ver que la tecnología, la tecnología nos hace pensar que ellos fueron muy elementales, pero realmente tuvieron demasiado tiempo. Pasaban más tiempo investigando lo que hacían, cada uno tenía una investigación muy profunda de lo que hacían, de manera que llegar a entender ese tipo de pensamiento es como alejarse de toda la tecnología en general, es llegar a ver la naturaleza como era, porque ellos lo que utilizaban era la naturaleza de forma directa, la física de forma directa, no con tanta ayuda después de todo. Para poder entenderla, no digo que la tecnología esté mal.

JCR: Haz escuchado sobre la "cibernética" que se comenta, no te parece que eso se podría llevar a la naturaleza. Así como tenemos la perfección de un árbol, la armonía de una planta ¿por qué no hacer lo mismo con la tecnología?

JD: Justo, es curioso, hoy estaba leyendo un libro de Roger Penrose que habla sobre eso justamente, de cómo la inteligencia artificial podría compararse a la naturaleza en general.

JCR: Que debería ser creo yo, ¿no?

JD: Debería ser, pero es un poquito más difícil creo, porque el mismo estado de conciencia no es igual a un sistema computarizado, es muy diferente, creo que nos falta demasiado, y creo que lo que más aún nos falta, es llegar a comprender siquiera eso, llegar a lo que es la conciencia, lo que es la naturaleza, lo que es la perfección misma de la naturaleza. Todo artista parte de eso, de la cuestión sensorial, del color, la música, el sonido, en su forma elemental, porque ese es el detalle de entender la parte elemental de todo, para poder acomplejarlo, para poder entrar a la complejidad del universo.

JCR: Mencionaste la parte humana, hay alguien que un poco recoge todo eso, quizás no es un perfeccionista al respecto, pero su voz creo que es un poco la melancolía indígena, y es un poeta, se llama César Vallejo.

JD: Claro, si, me encanta César Vallejo.

JCR: No crees que él se acerca más a lo que tu dices. A pesar que vivió en París en un mundo desarrollado.

JD: Claro que sí. El otro día escuchaba una entrevista... ¿cómo se llama este pata que escribió "Cien años de soledad"?

JCR: García Márquez.

JD: García Márquez, dice que todas las cosas nacen de la infancia, todas las cosas que después de grandes tratamos de manifestar, nacen de la infancia. Y justamente es lo que hace César Vallejo, su poesía está basada en la nostalgia de su infancia, igual que Arguedas, la de la nostalgia del contacto con el indígena. Habla de ese contacto con la misma realidad. No una cosa ilusionista digamos de ver la realidad desde afuera, sino desde lo más primigenio que es el contacto con las comunidades, el contacto con otra persona. Ahí creo que está el principio general de la sensibilidad del arte.

JCR: Y tu sensibilidad refleja eso. ¿Tu infancia la viviste acá?

JD: Bueno, hemos sido un poco, mi familia, un poco caminantes como gitanos. Vivíamos un par de años acá otro año en la ciudad y tal vez ese conflicto se refleja en mi arte en general, entre la tecnología y el conflicto de la naturaleza misma. De todas maneras, es un conflicto que llega a afectar en el sentido de la expresión, que a veces no es muy consciente después de todo. Pero como todas las personas tratamos un poco de coagular, amalgamar esto, de forma no conflictiva sino de llegar a la armonía, que después de todo es el fin del arte.

JCR: Alguna recomendación a muchos que vienen de afuera y no respetan nuestra cultura, pero no en las cosas que a veces las ensalzamos como bandera, sino en las otras que hemos conversado.

JD: Creo que en general de lo que parto es de la gente. La gente peruana suele ser muy emotiva. Se escucha la música quechua Arguedas, es mucho de sentimiento, pero no quiere decir que esas personas sean tristes, sino que también hay alegría, también hay fiesta, cosas muy bonitas, aparte de Macchu Picchu que es una cosa grandiosa, pero en general en el Valle Sagrado, si usted pasa de pueblito en pueblito hay festividades maravillosas, hay danzas maravillosas, hay costumbres maravillosas que lamentablemente con esa fusión con la parte de afuera, digamos, con la parte occidental, un poco que van evolucionando, tal vez no degenerándose, pero van evolucionando, y también es lindo ver esa evolución, como va avanzando eso.

Y esa evolución nos llevó años después a Montparnasse, la última morada del poeta de Santiago de Chuco. Jesús Dorado recreó para nuestra Fundación Universidad Hispana con los colores de la bandera francesa, un Vallejo parisino, que ha dejado la tristeza para dar paso al glamour de la ciudad luz (Imagen de nuestra carátula). Su obra gracias a la cibernética y a su colorido ha tenido una pegada en los jóvenes. Y debido a la inusitada ola migratoria de los últimos tiempos, donde cada vez se hace más común que nuestra juventud emigre por el mundo, su vida y obra del poeta humanitario identificada con esa dimensión desconocida de vivir más allá de las fronteras naturales que te traen al mundo, ha dejado de ser una exclusividad octogenaria. Por donde quiera que van nuestros versos, nuestros discursos, nuestros concursos alrededor del tema migratorio, aparece la figura poética filosófica de Vallejo, retratado tras este breve encuentro, único, tal vez irrepetible.

Volviendo a la relación con "el bromas", como le dicen a Arthur Fleck en España, y recordando el coraje que causa saberse acusado siendo inocente, ubico el acto de desagravio tributado por el Poder Judicial al poeta César Vallejo por la carcelería de 112 días que sufrió entre 1920 y 1921. En una emotiva ceremonia, celebrada el miércoles 14 de noviembre de 2007 con una masiva concurrencia, el Presidente de la Corte Suprema dijo que la muestra "es un acto de mea culpa hacia el poeta peruano César Vallejo Mendoza, por los 112 días de injusta detención carcelaria, acusado de un crimen que no cometió". Entonces 88 años después de aquel trágico momento se repite la escena injusta del japonés Iwao, y también vuelven fijaciones relatadas por el niño Ciro Alegría, notable escritor peruano, alumno de Vallejo, que alguna vez escuchó decir del poeta:

No, no, mi señora… Ese Vallejo, si no es un idiota, es cuando menos un loco.

Y preocupado por ser su maestro también relata:

Corrió la noticia de que nuestro profesor había sido asaltado durante la noche por un grupo de individuos que trataron de cortarle la melena. Él se había defendido dando feroces puñetazos y puntapiés.

Vallejo era motivo de burlas y abusos continuos por su apariencia melenuda y su condición de hombre pensante, meditabundo, solitario. Y más aún por su condición de ser un humilde maestro.

— ¿Crees que ser profesor es una gran cosa? Y todavía ser el último profesor de un colegio, el de primer año… Un "muertodehambre"…

Solía escuchar estos desprecios de su maestro, concluyendo que:

Recién comencé a darme cuenta del desdén con que se mira a los profesores en el Perú. El chico que hablaba era miembro de una de las grandes familias de la ciudad, e hijo de un médico famoso. Estaba muy pagado de todo ello y, para terminar de apabullar al pobre profesor, dijo:

— Ni siquiera como poeta sirve… mejor es Chocano. Es lo que dice m padre, que sabe lo que habla.

Pero sin duda, fue la prisión en una cárcel de Trujillo, como el mismo lo poetizó, el momento más grave de su vida. Este acontecimiento lo marcó en su vida y en su obra. Incluso en su no retorno al Perú, pues hay cartas dirigidas a su hermano y a su abogado desde París en la que suplica demuestren su inocencia ante la maquiavélica corte de la época, que nunca se dio. Y no podía darse porque de por medio había intereses de explotación en las minas de Casagrande y Quiruvilca que traían a escena a un juez ad hoc que ejercía como abogado de estas empresas, de manera que cualquier elemento pensante inmerso en las revueltas del momento, era un blanco a silenciar, incluso con la muerte. El joven Vallejo no sólo es partícipe físicamente de estos motines de protestas, sino intelectualmente publicando su novela El Tungsteno. Adicionalmente escribe en el periódico anarquista del momento, La Reforma, de su gran amigo Antenor Orrego, y coincidentemente los bolcheviques aparecen en la política peruana. Orrego, Víctor Raúl Haya de la Torre, César Vallejo, Carlos Valderrama y más adelante Ciro Alegría, son blancos supuestamente anarquistas y bolcheviques que había que condenar, como en efecto lo hizo con Vallejo, el juez Elías Iturri Luna Victoria.

El escritor y abogado Eduardo González Viaña, ha investigado al respecto que el juez inventó toda una serie de actuaciones para hundir a Vallejo y puso un supuesto fiscal inexistente en el caso. Más adelante este invisible ciudadano manifestó no tener nada que ver con el caso y peor aún manifiesta no conocer Santiago de Chuco. Sin embargo, después inventa un testigo, una supuesta confesión de un tal Pedro Losada, militante anarquista, quién fue el verdadero ladrón de fusiles que asesinó a dos gendarmes. González Viaña ha descubierto que la supuesta declaración de Losada contra Vallejo y su firma eran falsas, de acuerdo a declaración del abogado de Vallejo, pues Losada era analfabeto. Lo cual propició que el juez pida la presencia de Losada en Santiago de Chuco a fin de que confiese su verdad. Pero a mitad de camino fue asesinado. Siendo todo este escenario dantesco para la carcelería que a la postre sufriera Vallejo en Trujillo, dando origen quizás a los parafraseos ininteligibles a simple vista del famoso poemario Trilce.

De acuerdo a González Viaña:

"Vallejo que no es el poeta llorón ni mucho menos. Es un poeta revolucionario. Es más, Vallejo sí participó en el incendio, tampoco lo vamos a negar. Pero qué se quería: ¡habían matado a su mejor amigo! (Andrés Ciudad) Vallejo, durante el incendio, se sube por los techos en busca del criminal Dubois, pero no lo encuentra. Es más, Vallejo, en su camino a Santiago de Chuco, ha parado en Huamachuco, donde hay un círculo literario que le hace un homenaje. En el agradecimiento, él, que ya era el poeta de Los Heraldos Negros, les ha dicho: "Jóvenes, hay que luchar, y si es preciso, hay hasta que cometer un crimen".

Hay elementos "Arthur Fleckianos", si se me permite el término, en esta trama vallejiana. Incluso hay relaciones primigenias entre el poeta con las raíces de los paladines del proceso revolucionario que años después serán parte de la historia contestaría del Perú. Como es el caso de un supuesto acercamiento entre el poeta y Rita Uceda, madre de quien más adelante en la historia sería el emblemático guerrillero peruano Luis de la Puente Uceda. A quien le dedicaría aquellos versos famosos: Qué estará haciendo esta hora mi ansiada y dulce Rita de junco y capulí… Y de su experiencia magisterial, como maestro de primaria de Ciro Alegría, también se agrega un alumno, llamado Alfredo Tello Salavarría, como bien lo anota González Viaña, quien va a convertirse con los años en el jefe civil de la Revolución de Trujillo.

Transcurridos los 112 días en prisión el proceso judicial nunca se cerró. Vallejo fue liberado en virtud de una excarcelación provisional. Tras muchas cartas con su hermano y abogado en Europa terminó por convencerse que no podría volver jamás a su patria, pues la eterna cárcel siempre lo esperó.

Una vez más su amigo Orrego lo salva, tras descubrir que su sobrino Tulito Gálvez Orrego recibe una herencia y que le ofrece viajar a París, le sugiere al sobrino que le otorgue la oportunidad del viaje al cholo Vallejo, como cariñosamente lo llamaban durante su estancia en Lima. Y esto debido a que el conciliábulo intelectual limeño y norteño no sólo lo ignoraba, sino que hasta lo detractaba. Como es el caso de la revista Variedades, que textualmente responde:

"… Nos remite usted un poema titulado El poeta a su amada, que en verdad le acredita a usted para el acordeón o la ocarina más que para la poesía.

Amada: en esta noche tú te has sacrificado

sobre los dos maderos curvados de mis besos
Amada: y tú me has dicho que Jesús ha llorado
y que hay un viernes santo más dulce que mis besos.

¿A qué diablos llama usted los maderos curvados de sus besos?
¿Cómo hay que entender eso de la crucifixión? …

Hasta el momento de largar a la canasta su mamarracho, no tenemos de usted otra idea sino la de deshonra de la colectividad trujillana, y de que si descubriera su nombre, el vecindario le echaría lazo y lo amarraría en calidad de durmiente en la línea del ferrocarril. . .” (sic)

Y otra no menos lacerante afrenta contra el poeta, recopilado por su viuda Georgette Phillipart, reflejado en el libro Vallejo — Obra Poética Completa (1974) de Mosca Azul editores, un artículo titulado “La Justicia de Jehová”, firmado por Julio Víctor Pacheco para el diario La Industria.

“Ese hombre (Vallejo), señor, entona himnos a la verde alfalfa, tal vez el instinto arranque de regresivo apetito familiar… asegura con la mayor frescura que “las carretas van arrastrando una emoción de ayuno encadenado”, Quiere también ser panadero y llevar en su corazón un horno… Quiere vivir tocando todas las puertas, y dice que sus huesos son ajenos y que él es un ladrón…”

Entonces Tulito Gálvez viaja con Vallejo a París y allá viven juntos. Al final Tulito se muda a España y muere combatiendo por la República, mientras Vallejo fenece de poesía en París con aguacero, dedicado al dolor de aquella guerra civil española. Si habría sobrevivido a la enfermedad que lo mató, y hubiese retornado al Perú, de algo estaba seguro, habría terminado en una cárcel de Trujillo, de donde no se podía salir sino loco o muerto.

«El libro ha nacido en el mayor vacío», «Soy responsable de él. Asumo toda la responsabilidad de su estética. Hoy, y más que nunca, quizás, siento gravitar sobre mí, una hasta ahora desconocida obligación sacratísima, de hombre y de artista: ¡la de ser libre! Si no he de ser hoy libre, no lo seré jamás. Siento que gana el arco de mi frente su más imperativa fuerza de heroicidad».

Vallejo, asume su responsabilidad poética y su obra relacionada con el valor de la libertad, pero también asume el papel de un joker controlado por la sabiduría y mensaje humanitario de sus versos.

«Me doy en la forma más libre que puedo y ésta es mi mayor cosecha artística. ¡Dios sabe hasta dónde es cierta y verdadera mi libertad! ¡Dios sabe cuánto he sufrido para que el ritmo no traspasara esa libertad y cayera en el libertinaje! ¡Dios sabe hasta que [sic] bordes espeluznantes me he asomado, colmado de miedo, temeroso de que tdo se vaya a morir de a fondo para mi pobre ánima viva.[sic] Y ¡cuántas veces me he sorprendido en espantoso ridículo, lacrado y boquiabierto, con no se [sic] qué aire de niño que se lleva la cuchara por las narices! En este momento casi revivo todo el fragor que dió vida a "Trilce" y a los Heraldos negros»

A manera de epílogo, llegamos a la cima de Macchu Picchu con Masahiko, para despedirnos de estas "vallejopatías" en voz alta, acompañados del Cóndor Pasa, interpretado en idioma originario por una caribeña que no tiene la menor idea de aquel idioma milenario y sin embargo, como nos pasa con algunos versos carcelarios de Trilce, nos damos cuenta que entendemos al artista originario que sale de los versos, de los labios y la melodiosa y magistral voz de la intérprete. Y trasciende la montaña, como trasciende la poesía de Vallejo, libre.

Epílogo II

Premio Chasqui

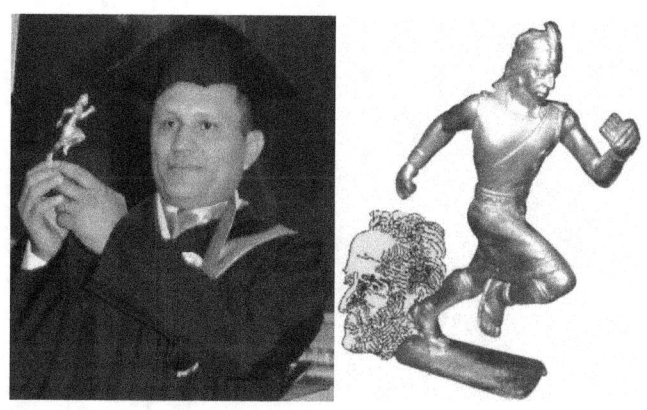

El Premio Chasqui nació en el año 2011 en la ciudad Miami de la mano de nuestro Presidente de la Fundación Universidad Hispana sede Miami, EE.UU., Excmo. Gerardo Rehuel Sánchez, quien a su vez preside la Asociación de Periodistas en el Exterior (APPEX), sede Norteamérica. http://chasquiusaaward.blogspot.com/

Su origen artístico naturalmente es del milenario Perú, simboliza a un corredor joven que llevaba los mensajes o recados en el sistema de correos del Tahuantinsuyo, durante el Imperio de los Incas, desplazándose a la carrera de una posta a la inmediata siguiente. Era el mensajero personal del Inca, que utilizaba un sistema de postas para entregar mensajes u objetos. En tiempos actuales nuestros Chasquis son nuestros migrantes, que abandonan sus lugares de origen para ir en búsqueda de nuevos horizontes en educación y emprendimiento.

Uno de nuestros más recientes galardonados masculinos ha sido el poeta Salvadoreño Walberto Campos, y en el plano femenino la educadora Eladia Montañez, quienes a su vez han adquirido la ciudadanía norteamericana, convirtiéndose en vivos ejemplos de nuestros corredores del siglo XXI, pues contra los nuevos obstáculos del mundo moderno, se han hecho merecedores del Chasqui de Oro que otorga nuestra Fundación.

NUESTRA FUNDACIÓN AGRADECE A:

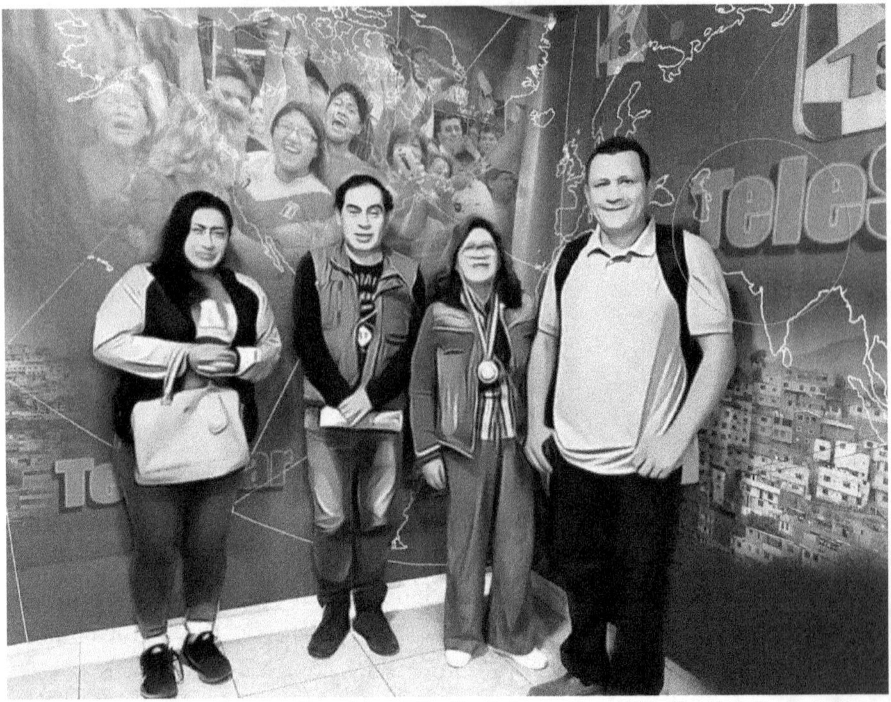

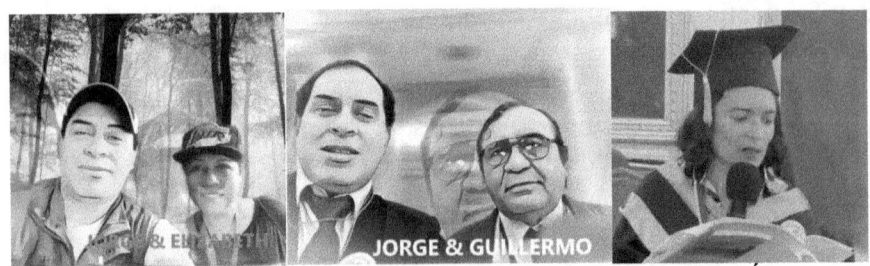

Mirna Farfán, Jorge Carrión, Eladia Montañez, Walberto Campos,
Telestar TV y su Director Richard Huarcaya & Virtual TV.

Elizabeth Núñez Acosta, Guillermo Guillespie & Blanca Álvarez

Con su apoyo, esta historia continuará...